EL CINE GORE

UNA HISTORIA SANGRIENTA
de los años 80 al nuevo milenio

George E. Vault

© 2016
George E. Vault
© Arte original de frontal y trasera:
Josef Méndez
www.artehorror.com
Maquetación: Vault
2ª edición
ISBN: 9798644089109
Independently published

*A papá otra vez
y a Josef Méndez
por su tenacidad en el arte,
sus consejos y su ayuda.*

ÍNDICE

1. LA SANGRE EN LAS PELÍCULAS DE TERROR
1.1. LOS AÑOS 80
    1.1.1. AMERICA
        1.1.1.1. ESTADOS UNIDOS
        1.1.1.2. MEXICO
    1.1.2. EUROPA
        1.1.2.1. ITALIA
        1.1.2.2. ESPAÑA
        1.1.2.3. POLONIA
        1.1.2.4. ALEMANIA
    1.1.3. AUSTRALIA
    1.1.4. ASIA
        1.1.4.1. JAPON
1.2. LOS AÑOS 90
    1.2.1. AMERICA
        1.2.1.1. ESTADOS UNIDOS
        1.2.1.2. CANADA
    1.2.2. AUSTRALIA
    1.2.3. EUROPA
        1.2.3.1. POLONIA
        1.2.3.2. ESPAÑA
        1.2.3.3. ALEMANIA
        1.2.3.4. ITALIA

      1.2.4 ASIA
         1.2.4.1 INDONESIA
         1.2.4.2. HONG KONG
         1.2.4.3 JAPON
   1.3. EL NUEVO MILENIO
      1.3.1. AMERICA
         1.3.1.1. ESTADOS UNIDOS
         1.3.1.2. CUBA
         1.3.1.3. CHILE
         1.3.1.4. MEXICO
      1.3.2. AUSTRALIA
      1.3.3. EUROPA
         1.3.3.1. FRANCIA
         1.3.3.2. ESPAÑA
         1.3.3.3. ALEMANIA
      1.3.4. ASIA
MIS CAPTURAS FAVORITAS
BIBLIOGRAFÍA

1. LA SANGRE EN LAS PELÍCULAS DE TERROR.
1.1. LOS AÑOS 80 DEL SIGLO XX

Como todo lo que se trate en exceso, el gore cinematográfico comenzó a aburrir, y llegó un momento en el que mostrar vísceras y sangre en una secuencia de imágenes con un argumento endeble que las hilara desesperó al público. Fue entonces cuando surgió una nueva generación de películas de este subgénero del fantastique en las que la sangre pasó de ser un fin para convertirse en un medio. Un medio desde el que se podía hacer todo tipo de crítica e incluso comedia. Y comenzaron a estirarse de tal manera los estilemas que se recogieron verdaderas propuestas delirantes debido al hecho de que el todo vale llevaba casi una década instaurado y había que buscar nuevas fórmulas en el circo hemoglobínico. La verdad es que se recogió más deformación que formación en este período de los ochenta y se abrieron más las puertas a los cinéfagos que a los que veían el cine desde un punto de vista algo más selecto.

1.1.1. AMÉRICA
1.1.1.1. ESTADOS UNIDOS

Mientras los adalides del terror cinematográfico americano de puertas afuera a Hollywood continuaban sus filmografías de manera rara e irregular, alternando descensos ad inferos con momentos de gloria, Tobe Hooper intentó repetir la estrategia de *La matanza de Texas (Texas Chainsaw Massacre)* con la acartonada y fálida *Trampa Mortal (Death trap)*. Exprimió su jugo con la segunda parte de *La matanza de Texas (The Texas Chainsaw Massacre II*, 1986), tuvo contacto con los grandes estudios con *Poltergeist* (1982) y *Fuerza vital (Lifeforce*, 1985) y se movió por la televisión y por la serie B. Pero no así Romero, que fue capaz de crear una trayectoria más atípica, con varios títulos dignos de mención después de *The Crazies* (1973), *Martin* (1977) y *Zombi (Dawn of the Dead,* 1978), vulnerando muchas veces los códigos del género y teniendo un discurso más personal: *El día de los muertos (Day of the Dead,* 1985) o *Monkey Shines* (1988), aunque también había mostrado una vena más comercial y pulida en *La mitad oscura (The Dark Half)* en la década siguiente.

John Carpenter se convierte en la figura emblemática del cine de horror de los ochenta, pero su actitud es de recuperación de cierta escritura clásica antes que la rotura de las buenas formas que habían traído Romero, Hopper y Craven, y el slasher pasó la monopolizar las parrillas del terror cinematográfico norteamericano hasta límites duramente imaginables, llevando hacia el terreno de los adolescentes un tipo de cine, las Teen pictures, que un día se habían inventado con la urgencia de darle algo a la ingente masa de adolescentes que poblaban Norteamérica. Eran aquellas, películas de chavales y chavalas cuya máxima preocupación era gustar al sexo contrario, ir a los bailes del instituto y tener un coche. Fórmula que no sólo aprovecharon los cineastas de horror sino también otros más personales como David Lynch y su *Blue Velvet* y en las que también habían dejado su huella hombres como George Lucas con *American Graffitti*. Y al amparo de esta premisa surge en el 1980 *Viernes 13 (Friday the 13 th)*, producida por Sean S. Cunningham -productor también de *La última casa a la izquierda (The last house on the left)*-, porque, aparte de lo antes citado, las grandes productoras aceptan el terror como otra forma más de ganar dinero. Uno de los puntos a favor del film fue que el público veía gran parte del metraje desde el punto de vista del asesino, que, por supuesto, no era descubierto hasta el final.

En el año siguiente (1981) William Lustig atacó

con su sucia *Maniac*, con una idea bastante manida en la cinematografía de horror hasta aquel momento (el asesino psicópata), pero laureada por su realismo y sus escasas pretensiones. Escasas pretensiones que también tenía Sam Raimi cuando en el 1982 cogió a algunos de sus amigos, su cámara y su viejo coche, y se marchó a una cabaña abandonada en los bosques de Norteamérica para parir la excesiva e irreverente *Posesión Infernal (Evil dead)*. Todo un éxito insospechado con un presupuesto canino pero muy buen hacer. Notas curiosas a destacar de este film: los travellings de vértigo fueron hechos con una carretilla, la sangre se tiñó con blanco para evitar a la censura, el coche que sale en la película es el de Sam Raimi. Sin duda un trabajo hipergrandguiñolesco, si se me permiten la hipérbole, que quizás esté por encima de la mismísima *Matanza de Texas* y que constituyó una suerte de segunda apertura de veda para el gore a través de las pantallas.

En el 1984 el mercantilista (más mercantilista que otros directores; uno de los más aclamados y denostados) Wes Claven, dirige la primera película de su saga de Elm Street, *Pesadilla en Elm Street (A nightmare on Elm Street)*, que mezcla terror, sangre y humor negro a través de la aparición de Freddy Krueger, transunto seguramente del brasileño Zé do Caixao, en los sueños de los protagonistas. Tanta fue la repercusión de este personaje de Craven que las constantes de este film se repetirán abundantemente en las posteriores entregas. A Wes Claven le sonó la flauta con la saga de *Pesadilla en Elm Street* sin que ninguna de sus rentables propuestas posteriores mantenga la estética despistada y sucia de su ópera prima (*The Last house on the left*), obra que, aprovechando el ánimo de la Matanza de Texas, lo encumbró cómo director de cine tras dar docenas de palos en otras tantas docenas de trabajos: profesor de instituto, profesor de universidad, taxista....

El año siguiente es testimonio de la primera incursión de Stuart Gordon en el terror: *Reanimator*. Film producido por el también director de cine de terror Brian Yuzna, más tarde cabecilla de la irredenta Fantastic Factory. El film está muy libremente basado en un relato de H. P. Lovecraft llamado Herbert West, el reanimador (Herbert West: Reanimator) y publicado por entregas en el año 1932, que cuenta las andaduras de un médico loco que halla un líquido para devolver la vida a los muertos. Como se ve, tiene poderosas connotaciones con clásicos románticos como Frankenstein o El Golem o incluso La Mandrágora, pero con un lavado de cara ochentero. La cinta consiguió premio en el festival de Sitges y llevó a su director a la categoría de director de cine de horror. El film fue considerado de culto e incluso surgirían secuelas: *La novia de Reanimator (Bride of Reanimator,* 1990), *Beyond Reanimator* (2003), de la Fantastic Factory con Elsa Pataki, y *House of Reanimator* (2010), hasta tiene una segunda parte apócrifa del 1989 titulada *Re-animator 2*, que no nos lleva a pensar en otra cosa que en la cara que pondría Lovecraft si viese desvirtuado su relato de este modo. Particularmente considero éstas, obras falidas, rebozadas en un estilo pulp que les supone un lastre a la hora de dotar de credibilidad a las tramas. Del ochenta y seis es *Re-sonator*, también de Gordon, y publicitada como una continuación de la saga reanimadora, aunque nada tuvo que ver.

Esta manera de hacer cine creó una especie de escuela de realizadores de tercera centrados en los mismos clichés y donde el máximo problema suponía buscar una distribución para las cintas, ya que el producto estaba bastante descuidado. Digamos que el género en esta década se desvirtuó, y con la llegada masiva de esta andadura de trabajitos muy menores cada vez se desvirtuaba más y más.

La serie *Creepshow*, de Stephen King y George A. Romero pertenece también a esta época junto a otros films interesantes: *La Cosa (The thing,* 1982), de John Carpenter, versión nueva de la película *El Enigma de otro mundo (The thing from another world,*

1951) o *Hellraiser* (1987), de Clive Barker. El canadiense David Cronenberg deleitó a los aficionados con *La mosca (The fly,* 1986), remake de una gran cinta de los años 50, y con *Inseparables* (1988), visualmente muy poderosa. Tamen destaca la película con zombis, posesiones infernales y el mítico libro lovecraftiano el Necronomicon: *Terroríficamente muertos (Evil dead II,* 1987), de Sam Raimi. Cerraría esta década una de las mejores adaptaciones sobre la obra del escritor de bestsellers Stephen King después del resplandor: *El cementerio viviente (Pet cemetery)*, de Mary Lambert (1989).

Muy común en estos años ochenta fueron los seriales de terror adolescente, cintas sin grandes pretensiones artísticas, aunque sí pecuniarias, dirigidas a un público muy determinado. Esta manera de hacer cine sigue llenando salas en nuestros días, aunque menos desde la incursión de las nuevas tecnologías e implantación de programas informáticos domésticos de compartir archivos (programas P2p, como Torrent, Emule, Kazza o Ares).

1.1.1.2. MÉXICO

Es menester mencionar a un autor chileno particularísimo llamado Alejandro Jodorowski, hombre multifacético: guionista de cómics, escritor y psicomago entre otras ocupaciones, que contribuyó a la muestra explícita de la sangre en la pantalla con un trabajo para la filmografía mexicana titulado *Santa Sangre* (1989). Producida por Claudio Argento y protagonizada por los propios hijos del director, Cristóbal y Adán. Resultó ser impactante, transgresora, escandalizadora y llena de elementos esotéricos desarrollados en una atmósfera surrealista y sangrienta. Esta película narra algunos episodios de la adolescencia y de la edad adulta de un personaje llamado Fénix y su relación con su madre Concha y su padre Orgo, todos de una familia dedicada al espectáculo circense. Cuando era pequeño, Fénix vivía en un circo donde su padre era el dueño (además del lanzador de cuchillos). Su madre, Concha, era la sacerdotisa de una iglesia que veneraba como santa a una niña a la que le arrancaran los brazos mientras la violaban. La llegada de la mujer tatuada al circo (junto a su protegida, la equilibrista sordomuda Alma) y las infidelidades que el padre de Fénix protagoniza en su compañía, aunadas al derribo de la iglesia de

Concha, acaban con la paciencia de la mujer, quien ataca a su marido y es mutilada por este, que se suicida delante de Fénix poco después. Ahora Fénix es un joven recluido en un psiquiátrico.

Sin duda todo un tratado de simbología mágica con referencias psicoanalíticas que se sumergen en un hondo tono místico que se prestaría a una exhaustivo análisis filosófico y psicológico que, obviamente, no vamos a hacer por razones evidentes. Somos de sangre.

1.1.2. EUROPA
1.1.2.1. ITALIA

En Italia en esta década de los ochenta destacaron muchas películas de monstruos que se adscribieron a la estela dejada por el famoso *Tiburón (Jaws)* de Steven Spielberg de 1975, todas ellas con el denominador común de una más o menos plausible justificación científica para dar salida a un montón de efectos grandguiñolescos de feria, firmadas por arribistas de lo más variado. A destacar como ejemplos de excesos gore: *Cocodrilo asesino (Killer crocodile,* 1988) Fabrizio de Angelis, con Gianetto de Rossi, colaborador habitual de Lucio Fulci en los efectos especiales ultra violentos. Del mismo año es *Killer Crocodile II.* De 1989 es *The Bite,* de Federico

Prosperi, con Screaming Mad George en los efectos especiales. Del 1983 es *Wild Beasts* de Gualtiero Jacopetti, especialista en el género Mondo por la vía de lo insano y lo inquietante, en un film que narra cómo la contaminación del agua convierte a los animales convencionales en bestias sangrientas.

Luego es (in) digna de mención una serie de films de zombis surgidos al amparo del éxito mundial del film de Romero *La noche de los muertos vivos (Night of the living dead,* 1968), de la correcta explotación española de este film por parte de Jorge Grau, *No profanar el sueño de los muertos*, de la coproducción de Romero con Argento *El amanecer de los muertos* (Dawn of the dead, 1978), y de la particular visión de Fulci de la muerte viva (*Zombi2*, 1979), por parte de auténticos maestros mercenarios de la explotación y de la copia: *La invasión de los zombis atómicos (Incubo Sulla Città Contaminata.* Umberto Lenzi, 1980), que contó en su elenco actoral con el mismísimo Paco Rabal. Poco después surgió el *Apocalipsis caníbal (Virus.* Bruno mattei, 1980), siendo el mismo copión que perpetró la infumable *Terminator II* , *Virus (Apocalypse domani.* Antonio Margheriti, 1980), una que se salva un poco gracias a este artesano del cine popular a la italiana, *Bakterion* (Tonino Ricci, 1982), sin comentarios, *Zombi 3* (Lucio

Fulci, 1988), de la que renegó el director y fue rematada por el irreverente Bruno Mattei. Explotaciones bajas y exhibicionistas en las que las razones científicas son lo de menos y lo de más son las recaudaciones.

Al margen de esta serie podemos destacar trabajos de autor como los de Lucio Fulci: la confusa *Miedo en la ciudad de los muertos vivintes (Paura nella citta di morti viventi, Lana paura, The gates of hell)*, que cuenta la apertura de las puertas del infierno a partir del suicidio de un sacerdote de la lovecraftiana ciudad de Dunwich. También sale una médium, un periodista, y unos oriundos de Dunwich motivados para cerrar las puertas del infierno. Este film constituye una sucesión de escenas inconexas y de escasa coherencia que nos muestran bajones de guión en los escasos momentos de lucidez, pero cuya atmósfera y efectos especiales nos obliga a no dejarla de ver; a no presionar el botón de avance rápido, para llevarnos a un final inquietante que nos deja embobados en la disyuntiva de si acabamos de ver o un truño o un trabajo genial. Supongo que es cuestión de gustos. Lo mismo ocurre con *Luca el Contrabandista (Luca il contrabbandiere*, 1980), no adscrita al género de terror pero susceptible de mención por unas escenas macabras y sanguinarias que aparentemente resultan gratuitas pero cuya continuidad en la filmografía de Fulci, sea el género que sea, da bastante que pensar. Porque se nos muestra un realizador de interés obsesivo en recrear imágenes crueles definitivas y totales que conservan su fuerza muchas veces en detrimento del argumento y del guión en general.

El gato negro (Il gatto nero, 1980) fue su siguiente película, hecha con reminiscencias de los relatos La verdad sobre el caso del Señor Valdemar y del Gato negro de Poe, convirtiéndola tristemente en un salteado que se deja ver pero que no es muy satisfactorio, repleto de escenas que están de más, insertas en una trama que llega a trompicones a un final flojo. A destacar la música de Donaggio y la fotografía de Sergio Salvati, en un film en el que ya se percibe la reiteración de las constantes del ideario fílmico de Fulci: largos planos detalle de los ojos de los protagonistas, clima irreal fantástico, y el ataque de algún animal -en este caso el gato que titula el film.

Del año siguiente es *El más allá (L´adila, The beyond, Seven doors of death,* 1981), una auténtica anarquía cinematográfica. En las palabras del propio Fulci: «Mi idea era hacer un film absoluto. El más allá es un film sin argumento, no hay lógica, tan sólo una sucesión de imágenes». Este film es, sin duda, un compendio de todas las obsesiones del realizador que se convierten en constantes: de nuevo ataques de animales -en este caso arañas-, el clima mágico irreal fantástico, horrorosos muertos vivientes y obsesivos planos de ojos, en este caso perforados en un plano ultra violento para el cual el director daba la siguiente explicación: «Los ojos son la primera cosa que tienes que destruir, porque vieron demasiadas cosas malas». Otro aspecto a destacar en este film es una sutil demostración de que las reglas del tiempo y de la realidad están completamente ausentes.

En este mismo año dirige *Aquella casa al lado del cementerio (Quella Villa Accanto al Cimiterio,* 1981), en la que el director quiso ser ambiguo a propósito, pues, al parecer, pocas veces le interesaba plasmar un argumento coherente ni situaciones compresibles, sino más bien una concatenación morbosa de hechos espantosos superados progresivamente los unos a los otros, y donde el límite se sitúa en un término difuso creando una escala que va subiendo hasta alcanzar un clímax muchas veces inconcebible. Reitero; para gustos.

Del año siguiente, 1982, es *El destripador de New York (Lo Squartatore dice New York, The New York Ripper),* una revisitación persoalísima del tema del asesino inglés Jack el destripador. Cabe decir, antes de comentar nada del film, que el director de la British Board of Film Classification; la propia censura británica que nunca censuró un film de la Hammer, la definió cómo «una película obscenamente ofensiva que destila la misoginia más brutal, proyectando toda su violencia contra la mujer», yendo a parar directamente al manual de Nasty Movies (vídeos ni siquiera censurables). Una exageración que quizá diga mucho de la moral británica propia de los films de Terence Fisher. Pese a todo, el film no es más que un híbrido perverso y sádico de un giallo italiano y un film sangriento americano de asesino en serie de comienzos de los ochenta, con muy elevadas dosis de violencia explícita contra mujeres; justificable con su argumento: un asesino misógino que mata mujeres. Siempre surge en el caso de films de esta índole el problema de no saber discernir entre el narrador de la historia de ficción y el director del film, que tan sólo se limita a contar una historia, por muy truculenta que esta sea.

De este mismo año es la terrible (en la peor acepción del término) *Manhattan Baby*, montón de tópicos y situaciones tontas. Pero en el año 1983 aparecieron cambios en la industria italiana del cine de explotación con la aparición de dos películas en el mercado cinematográfico internacional: *Conan el Bárbaro (Conan the barbarian)* y *Mad Max: El guerrero de la carretera (The Road Warrior, 1982)* que dieron pie a muchas réplicas más o menos idénticas a estas dos propuestas. Lucio Fulci no podía ser menos e hizo *La Conquista (Conquest)*, su contrapartida a Conan; una coproducción con España y México que narra los avatares de dos guerreros que se enfrentan con la malvada bruja Ocron y su ejército de zombis, ogros y licántropos. El peor defecto de este film es que se le nota que adolece de falta de presupuesto a través de alguna escena ridícula, aunque otras estén logradas, sobre todo las escenas gore impropias de un trabajo de este tipo. También hizo su particular contrapartida a *Mad Max* con *Los guerreros del año 2072 (I Guerrieri dell'anno 2072, The new gladiators)*, una explotación en toda regla con alguna que otra idea original; resultando una cutrería en la que las maquetas de la Roma futurista cantan de más.

En 1984, tras el éxito de *Flashdance*, y a su sombra, Fulci filma *Murderock (Murderock uccide a pazzo dice danza, Murder Rock dancing death, Giallo a Disco)*, ambientada en una academia de baile moderno con una trama mistérica de interesantes personajes envueltos en asesinatos de lo más escabroso, aunque no totalmente gore.

Dos años después, en el 1986, Fulci volvió al amparo del éxito internacional de *Nueve semanas y media (Nine weeks)*, con su primer thriller erótico *La miel del diablo (Il Miele de él diavolo, Dangerous*

Obsession, The devil´s honey), la perversa historia de amor masoquista de una pareja (ella es Blanca Marsillach) a través de la cual el director fue capaz de demostrar que podía impactar y herir a los espectadores sin necesidad del gore explícito. También le añade ciertos elementos sobrenaturales de su ideario particular pseudolovecraftiano, consiguiendo hacer una visitación personalísima al tema manido de la pasión tormentosa. Poco le duró esta reducción en la dosis de sangre mostrada, pues en el 1987 vuelve al terror sobrenatural y gore con *Aenigma*, una historia de poca originalidad que bebía de otra película de éxito; *Carrie* de Brian de Palma, que sería la entrada a una serie de telefilms ultragore carentes de demasiado interés, aunque conservando las constantes en su manera de ver el cine de terror: *El fantasma de Sodoma (Il fantasma dice Sodoma), Cuando Alicia rompió el espejo (Quando Alice Ruppe lo Specchio)*, ambas del 1988, *La dulce casa de los horrores (Lana dolce casa degli orrori), La casa del tiempo (Lana casa en él tiempo)* del 1989, *Voces del más allá (Voci dal profondo), Demonia, Un gato en el cerebro (Un gatto en él cervello)* del 1990, que fue protagonizada por él mismo para materializar sus obsesiones a través de imágenes recicladas de otras películas ultraviolentas, aportando un punto de diferencia al hacer cine dentro del cine, como hizo el director Bigas Luna con

Angustia (1991), estos tumbos fueron dando mejores o peores sabores hasta que en 1996 Darío Argento le produce *La máscara de cera (Maschera dice cera)*, que lo volvería a lanzar mundialmente hasta que le llega la muerte en marzo de ese año, y el trabajo tiene que ser finalizado por Sergio Stivaletti.

1.1.2.2. ESPAÑA

La España de esta década no destaca excesivamente por su calidad cinematográfica subgenérica, pero eso no quiere decir que no constituya toda una realidad. Esta realidad es responsabilidad de realizadores artesanos como Juan Piquer Simón; valenciano, decorador, titulado en bellas artes y trabajador de la publicidad, que dejó su huella de excesos sangrientos con películas como *1000 gritos tiene la noche (Pieces*, 1982), *Slugs, muerte viscosa* (1988) o *La grieta (Endless descent*, 1989). Y que tuvo repercusión tal en suelo americano que se le propusieron segundas partes de películas más o menos conocidas como *Orca, ballena asesina*, *La última casa a la izquierda* o *Barbarella*. Mil gritos... es un trabajo mediocre de elenco de segunda (Frank Braña...) con reminiscencias de los films americanos de asesino en serie y de los gialli italianos, que supuso uno de los films más sangrientos de la filmografía fantástica española, con los consabidos problemas con la censura. Fue una apuesta destinada al mercado internacional que consiguió un éxito fulgurante en los Estados Unidos. Hoy en día hay incluso en ese país actos para reproducir sus diálogos. Sin duda, un hecho curiosísimo. Otra de esta década es *Slugs*, una coproducción con América y elenco actoral mestizo en la que podemos ver intercalados a actores americanos de tercera fila con actores españoles como Concha Cuetos o el sempiterno Emilio Linder. Otro exceso hemoglobínico bastante bien llevado, pero no demasiado original (unas babosas carnívoras, que en el 2006 fue revisitado en el film *Slither*). Como nota curiosa destacar que el pueblo donde fue filmada colaboró abiertamente con la producción, ignorando el género del film en el que colaboraban, con su consiguiente perplejidad en la proyección pública.

La otra de esta década es *La grieta (Endless descent)*, un trabajo interesante al amparo de famosas producciones de terrores subacuáticos como *Abyss*, *Leviathan* o *Profundidad 6 (Deepstar six)* (aunque Piquer dijese que la suya fue la pionera) que, con unos artesanales pero maravillosos efectos visuales de Emilio Ruiz, constituyó un trabajo a considerar; de puro interesante. Consiguió un premio Goya a los mejores efectos especiales en el año 1989. La trama no tiene nada de particular, y el guión da bastantes patadas al sentido común, pero no por eso pierde su carga de interés.

Jacinto Molina Paul Naschy también es una realidad cinematográfica en esta década, con trabajos que adolecen de los defectos de los anteriores, como *El carnaval de las bestias* (1980), un compendio de brutalidad animal y humana con la matanza del cerdo como telón de fondo. *El retorno del hombre lobo* (1980), *La bestia y la espada mágica* (1983), *Latidos de Pánico* (1983) unas dos nuevas apariciones de su personaje Alaric de Marnac y *El aullido del diablo* (1987).

Luego existen propuestas más encaminadas a las parrillas del cine de autor, aunque no conseguidas plenamente, como son las propuestas paranormales y escasamente (nulamente) sangrientas del parapsicólogo Sebastián D´arbó. Unas propuestas que quedan tan sólo en eso, en propuestas que no son salvadas ni por la presencia profesional de Narciso Ibañez Menta. Es éste un ejemplo del dicho popular de que el que intenta abarcar mucho no aprieta bien. Desconozco la pericia de D´arbó como parapsicólogo, ahora, como cineasta dejó bastante que desear. Son obras de este realizador: *Viaje al más allá* (1981), *El ser* (1982). En estas parrillas del cine de autor (o pseudocine de autor) podemos encuadrar también *Pájaros de ciudad* de José Sánchez Álvaro o *El Caballero del Dragón* de Fernando Colomo. Dos propuestas que al máximo la donde llegaron fue a una suerte de limbo de indefinición del que no saldrían más.

También hace falta destacar los trabajos del cineasta español afincado en Inglaterra José Ramón Larraz; entusiasta al estilo de un Naschy, un Piquer o un Ossorio, que se movió más bien desde el punto de vista artesano cinematográfico. Hizo en esta década la interesante *Estigma* (1980), que toca una vez más el tema de la casa que se apropia de la personalidad de los moradores (en este caso moradora); idea que recuerda excesivamente al relato de Poe *La caída de la casa Usher*. También son suyas *Los ritos sexuales del diablo (Black candles*, 1982), película mala de situar por intentar retomar el cliché del sexo demoníaco recogido de la etapa decadente de la Hammer, y la fallida *Descanse en piezas (Rest in pieces*, 1988).

Luego hay una serie de trabajos aislados que por un motivo o por otro merecen ser mencionados con relación a esta época en España. Se trata de *Serpiente de mar* de Amando de Ossorio (*Hydra*, 1985), que supuso el último trabajo del realizador gallego, que le trajo graves problemas de salud por asunto del presupuesto, pues al parecer José Frade prometió un dinero que cuando el proyecto estaba muy avanzado no dudó en disminuir, repercutiendo muy negativamente en la producción. La película es un deleznable compendio de tópicos sobre las películas de monstruos, pero, por si fuera poco, muy mal llevados, con una serpiente de mar que parece un muñeco de goma comprado en un bazar chino. Como notas curiosas mencionar que el protagonista masculino del film es un antiguo pescador de un barco gallego de una Galicia tan hipotética que en absoluto es creíble, y que causa estupor ver a Ray Milland haciendo uno de los últimos papeles de su vida.

Del año siguiente es muy digna de mención una propuesta metacinematográfica llamada *Angustia*, de Bigas Luna. Una coproducción con América que cuenta las andaduras de un asesino psicópata obsesionado con los ojos, que se llega a meter en un cine donde están proyectando un film sobre un asesino psicópata, llegando a verdaderos momentos de clímax terrorífico y sangriento. Sin duda muy recomendable.

1.2.1.3. POLONIA

Borowczyk en Polonia en esta década dirige *El doctor Jekyll y las mujeres (Dr Jekyll et lees femmes, Dr Jekyll and his women,* 1981), donde la sangre empapando la carne parece armonizar en una sola entidad. Y *Ceremonia de amor (Céremonie d'amour, Rites of Love,* 1988), que evoca la misma mezcla de terror y excitación que la anterior, y que supuso la retirada del director.

En el año 1981 Andrzej Zulawski vuelve al cine con *Possesion,* un divisorio estudio poco comprometido sobre lo deterioro de las relaciones humanas, oculto en una sangrienta película de monstruo. El matrimonio entre Anna (Isabelle Adjani) y Mark (Sam Neill) quiebra cuándo él vuelve a casa, en Berlín, y se encuentra que ella fue infiel con Heinrich (Heinz Bennent), un snob tozudo e insulso, y también con un tercer amante anónimo que la visita en un piso desconchado escogido como refugio amatorio. Mark comienza un romance con Helen (también interpretada por Adjani), la maestra de su hijo, quien representa el ejemplo más obvio de duplicación a través del film; recurso muy empleado en el cine fantástico mundial. Camino a la locura por el comportamiento de Anna, Mark mata la Heinrich a golpes y lo ahoga en un lavabo, para luego descubrir que el otro amante es en realidad una bestia mutante nacida quizá de la psique torturada de la misma Anna. Como se puede apreciar en el argumento encontramos poderosas connotaciones con el film americano *El ente*, rodado con anterioridad, en el que se dirime el verdadero origen de un agresivo visitante de dormitorio. El resultado de este film polaco es bastante confuso, repetitivo, violento en exceso, de actuaciones libres, y trabajo de cámara de vértigo (a veces marea); hechos que explican que la audiencia no hubiese conectado con él.

Así y todo subyace una idea que casi es constante en el cine de Zulawski, que es la lucha de la necesidad del amor contra la necesidad del sexo y la dificultad de comunicar este deseo, y todo lo que los protagonistas sufren durante todo el metraje queda liberado de manera catártica sólo hacia el final, con la muerte, con el abrazo sangriento.

1.2.1.4. ALEMANIA

En Alemania quiero mencionar, no por calidad cinematográfica sino por curiosidad episódica, dos films de resultados desiguales. El primero es un despropósito hecho por un tal Andreas Schnaas con una cámara de vídeo como las que se empleaban para grabar las primeras comuniones. Se tituló *Violent Shit* (1989) y ni siquiera nadie se dignó a doblarla a ningún otro idioma aparte del alemán en el que está filmada (tampoco conozco nada sobre su distribución, sospecho que nula. Llegó a mí a través de internet). Alguien que tenga pequeñas nociones de inglés puede fácilmente traducir el título: Mierda Violenta. Bien. Ese tándem de palabras explican perfectamente este atropello visual. Y, aun así, pienso que tiene cinco o seis secuelas de las que no he pensado escribir nada.

La otra es Nekromantik (1987), del polémico director alemán Jorg Buttgereit al que algún illuminati llamó el George A. Romero alemán. No se esfuercen en establecer la comparación, no tiene nada que ver uno con el otro. Buttgereit digamos que es un ensayista visual de la muerte, de la decrepitud, de la putrefacción, un adalid de la corrupción del cuerpo. Un nihilista y, sin duda, un desafiador de la tranquilidad de nuestras entrañas. Todo eso es subyacente en *Nekromantik*, un film nauseabundo que narra las prácticas sexuales de una pareja con un cadáver en avanzado estado de descomposición. La verdad deja bastante mal cuerpo, pero servidor supone que si para ver *Los hombres detrás del sol* (leer epígrafe de Asia un poco más adelante) había que aplicar el filtro histórico para comprender tanta brutalidad, con Nekromantik quizás tengamos que aplicar el filtro filosófico para llegar a comprender algo. Nadie perdería, sino, el tiempo, haciendo una película pensando todo el rato: vais alucinar con el asco! En fin, opinión subjetiva, ya ven.

1.1.3. AUSTRALIA

El continente australiano es digno de mención esta década por las primeras incursiones cinematográficas de un cineasta incipiente, hoy conocido ampliamente por la monumental saga de *El Señor de los anillos (Lord of the rings)*. Se trata del director Peter Jackson, y su incipiencia de cine se materializó en el año 1987 con una película de culto muy gore, gamberra y absurda hasta el paroxismo, titulada *Mal Gusto (Bad Taste)*. Cine de bajo presupuesto rodado durante varios sábados con un intermedio de inactividad por falta de dinero. La película tardó cuatro años en ver la luz y el presupuesto final ascendió a 11.000 dólares. Una carencia que hasta se nota en que el propio director hace dos papeles en la película (Derek y Robert, uno de los extraterrestres), siendo amigos de él o familiares el resto de los actores.

La historia no es demasiado original, pero tiene un matiz absurdo cómico que le aporta el interés a la película: unos extraterrestres invaden el pueblo de Kaihoro, en Nueva Zelanda. Los habitantes del lugar son asesinados y empaquetados en cajas para convertirse en comida rápida en el planeta de los visitantes. El gobierno envía a cuatro paramilitares (!!!) para detener la invasión. Detención que se convertirá en todo un festín de Grand Guiñol que hará disfrutar a todos los adultos del mundo con espíritu adolescente. Sin duda choca este comienzo de la concepción cinematográfica de Jackson en comparanza con últimos trabajos tan distintos.

También quiero comentar de pasada la existencia de otro film de Jackson en los últimos ratos de esta década de los ochenta. Se trata de *Los Feebles (Meet the Feebles.* 1989), un revoltillo guionístico musical lleno de violencia extrema, sexo explícito y humor negro, actuado por... muñecos! Sí, digamos que este film es la contrapartida políticamente incorrecta de las películas de los Teleñecos. Pero en este caso rellenos de vísceras y de líquidos que imitan a los vómitos que no dudan en salpicarlo todo. En este poco usual trabajo no faltan detalles simpáticos como un zorro homosexual que canta las virtudes del sexo anal, o un hipopótamo muy agresivo, o el hecho de saber que las adicciones a las drogas pueden llegar a familiares de Espinete, Don Pimpón, Triqui y Coco. Así y todo es importante sólo por lo anecdótico. Pensemos si tenemos tiempo -valga la redundancia- para perder el tiempo.

1.1.4. ASIA
1.1.4.1. JAPÓN

El continente asiático en la década de los ochenta es salientable por dos películas que quiero comentar. La primera de ellas es en realidad una serie de ocho films que comenzó en esta década y finalizó en la década siguiente: los films *Guinea Pig*. Una serie conocida tanto por la expresión de la ultra violencia gráfica como por la polémica suscitada al pensar que se trataba de auténticas películas snuff rodadas con víctimas reales de las barbaridades que muestran. La compañía tuvo su primer problema legal cuando el actor Charlie Sheen vio la segunda de las película de la serie *Flower of Flesh and Blood* (*Flor de Carne y Sangre*) y la confundió con un film snuff, por lo que scontactó con el FBI para denunciar este material. Luego se defendieron los productores promocionando un DVD en el que se incluía un reportaje de los preparativos que se emplearon para llevar a cabo unas imágenes tan brutales.

Se reeditaron desde entonces varias veces en DVD en los Estados Unidos y en los Países Bajos.

Pero las cintas volvieron a ser denostadas hacia finales de los ochenta y comienzos de los noventa cuando las primeras cinco películas de la serie fueron encontradas en la colección de más de cinco mil cintas de vídeo que el asesino serial japonés Tsutomu Miyazaki tenía y que acaso empleó de inspiración, imitando algunas de esas barbaridades en sus crímenes. Hoy es ilegal en Japón producir cualquier película con la denominación *Guinea Pig*, saltándose de esta manera el protocolo de la libertad de expresión. Algo similar ocurrió con la novela El Guardián entre el Centeno, de Salinger, que obraba en poder de varios asesinos penosamente conocidos en la crónica negra americana, llegando a circular un rumor de que los lectores del escritor eran inexplicablemente instigados a cometer crímenes. En fin.

    El primero de los films de la serie llevó por título *El Experimento del Diablo (The Devil's Experiment, Za ginipiggu: Akuma en el jikken)*, considerada una representación de una película de violencia real que gira alrededor de un grupo de hombres que secuestran y torturan a una mujer joven como parte de un experimento para comprobar el extremo dolor que puede soportar el cuerpo humano.

    La segunda de la serie es *Flor de Carne y Sangre*

(*Flower of Flesh and Blood, Za ginipiggu 2: Chiniku en el la han*, 1985) y también está basada en un pretendido argumento snuff en el que un hombre ataviado con los pertrechos de un samurai secuestra y droga a una mujer para torturarla y despedazarla para, finalmente, como paroxismo del horrendo, agregar los trozos a una extensa colección de fragmentos humanos que ya poseía. Este fue el film que, como comentamos hace unas líneas, lanzó a Charlie Sheen a denunciar en el MPAA que acababa de ver un durísimo film de ultra violencia gráfica real. Los artífices de las dos películas que se llevaban filmadas tuvieron que demostrar que todo lo que se exhibía en la pantalla era el resultado de un artificio, como en su día había hecho el director italiano Ruggero Deodato con su película *Holocausto Caníbal,* impericia visual aparte, ya que no hay que ser muy listos para saber que tal película de antropófagos es una pantomima. No así estos films de *Guinea Pig*, que un servidor tuvo que comenzar a ver partiendo del documental de cómo se hicieron las escenas para ir predispuesto a que estaba viendo un film de excelentes efectos especiales y no entrar en estado de mareos indeseables y no tener que repetir la acción de Charlie Sheen.

La tercera de la serie *Guinea Pig* es del 1986 y se trata de una cierta incursión surrealista. Su título

Él nunca muere (He never dies, Za ginipiggu 3: Senritsu! Shinanai otoko) y los artífices descartaron un inefable argumento snuff en favor de una bizarra puesta en escena en la que un hombre se mutila a sí propio y juega con las distintas partes de su cuerpo durante varias horas antes de morir desangrado. Es una cierta imitación de la brutalidad de las anteriores con el aspecto poco realista (y manido en el terror) que supone ver una cabeza cortada hablando con muy mala baba. La mejor parte -si se me consiente la misoginia artística- es lo elaborado de la venganza del mutilado contra la chavala que lo indujo a quitarse la vida de manera tan poco prosaica. Pasamos a la cuarta película: *La sirena en un pozo (Mermaid in a manhole, Za ginipiggu 4: Manhoru en el naka en el ningyo,* 1988), dirigida por Hideshi Hino, conocido en el mundo del manga, y, sin perder lo irreal de la anterior entrega, trata de un artista que, mientras intenta sobreponerse a la reciente muerte de su mujer, encuentra una sirena en la calle, herida en una alcantarilla de los sótanos de Okinawa. El artista recoge el ser y lo lleva a su casa para comprobar cómo este (el ser fantástico) desarrolla heridas por las que comienza a echar sangre. El artista (atención a la película *A Bucket of Blood* de Roger Corman y al bodrio *Blood me Red* de H. G. Lewis) emplea la sangre y el pus -novedad- de las heridas para pintar su retrato, pero la salud de la sirena se pone peor (suponemos que por la sangría pictórica) y acaba muriendo.

La número cinco se titula *Androide de Notre Dame (Android of Notre Dame, Za ginipiggu 5: Notorudamu en el andoroido*, 1988) y nos narra las vicisitudes de un científico que intenta topar una cura para la grave enfermedad que su hermana sufre (atención a la película francesa de Franjú *Los ojos sin rostro*). El científico (doctor loco) precisa un conejillo de indias (guinea pig en inglés) para realizar experimentos que le lleven a topar esa panacea vital. Repentinamente aparece un hombre en su laboratorio ofertándole un cuerpo para emplear en sus pesquisas medicinales (Atención a *The Flesh and The fiends*. John Gilling 1959). El científico acepta, pero los experimentos no arrojan los resultados esperados, por lo que convierte ese cuerpo en chivo expiatorio de su frustración cortándolo en trozos, pero la solución la ve el proveedor de cuerpos llevándole otro cadáver para que siga probando suerte. En fin.

La sexta de la serie continúa mostrando la confesa aversión a la medicina y a los médicos proponiendo un título tan explícito como *Doctora malvada (Devil Woman Doctor, Za ginipiggu 6: Peter nel akuma nel joi-sano*) que sería del año 1990, pero que trataremos bajo este epígrafe desde un punto de vista práctico. Doctora malvada cuenta la historia de una facultativa -que en realidad es un travestí- que mutila y mata uno tras otro a todos sus pacientes. Este sexto episodio cambió la filosofía de la serie desde lo gore claustrofóbico a la comedia slapstick de violencia extrema.

Seguimos con la séptima parte de la serie, del año 1992 para más concreción, y de título *Matanza Especial (Za ginipiggu 7: Zansatsu supeshyaru)* para aún más concreción que fue estrenada en un tono más lucrativo que artístico (no me digas!!), pues únicamente se limita y recoger los mejores momentos y más bárbaros de las películas precedentes.

No hay duda de que la serie *Guinea Pig* es una muestra más de que los cineastas asiáticos son los que menos escrúpulos tienen a la hora de reflejar barbaridades en pantalla obviando el sentido artístico del terror cinematográfico en favor del levantamiento de ampollas en los espectadores. Dando que pensar que quizás no valga la pena visionar tal grafismo violento. A no ser que sea usted morboso sin remedio o tenga una patología psiquiátrica, o le guste, qué carajo!

No menos desagradable es el visionado de esta otra propuesta que considero un poquito más artística, al reflejar (y tanto) la ocupación del noroeste de China por parte de los japoneses durante la Segunda Guerra Mundial durante diez largos años, estableciendo allí un campo de concentración donde muchos prisioneros chinos fueron masacrados durante lo proceso de creación de distintas formas de ataque bacteriológico. Los hombres que trabajaron en este proyecto fueron bautizados con el nombre de Cuerpo bacteriológico setecientos treinta y uno, que investigó en el campo de la guerra bacteriológica y química con el fin de conseguir nuevas armas para el campo de batalla. *El Laboratorio del Diablo* o *Los hombres detrás del sol* (*He tai yang 731. Men behind the sun* 1988) es la historia de todas esas muertes y torturas en "nombre" de la ciencia. El film, al parecer, es el resultado de un estudio intenso hecho durante cuatro años por T.F. Mous (He Chi Chiang) que tenía la inicial pretensión de hacer un documental que quedó en film porque la armada de Japón destruyó la práctica totalidad de las pruebas videográficas. Se recreó entonces una ficción, pero basada, lamentablemente, en hechos reales. Al parecer He Chi Chiang estuvo hace unos años en la universidad de Tokyo exhibiendo el film a varios grupos de estudiantes. Muchos de ellos lloraron al ver la película, alegando otros que los japoneses nunca serían capaces de acometer barbaridades semejantes, y que todo era falso. Pero la realidad fue, lamentablemente, mucho más asfixiante, pues está demostrado que todo lo que ocurre en el film es verídico, y que aún hubo torturas más virulentas que los guionistas se acomplejaron en mostrar. Escatimaré explicaciones. Aún sin esas escenas de torturas omitidas, el film y dificilísimo de ver, pues el grafismo gore es tan explícito que, sumado a la idea de unos hechos históricos tan lamentables, hace que la película sea una de las más crueles de la historia del cine mundial, superando en dosis de violencia a la irracional Salo o las ciento veinte jornadas de Sodoma de Pier Paolo Passolini.

La película está en el Index Expurgatorius del cine en Japón. Tan sólo se estrenó una vez en un cine de este país y sufrió las amenazas de plantar fuego en el cine si se volvía a proyectar. Alegando que tales barbaridades eran indignas de un sentimiento nacionalista japonés. Como si no se conociesen barbaridades de parejo calado en los innúmeros conflictos bélicos que vivió la humanidad desde que es humanidad. Según dijo Tun Fei Mou, su director, esta película no es mera explotación, sino que es una defensa de la verdad histórica y en contra de la desmemoria, que quiso hacer cierta justicia contra el atropello de las tropas niponas. Escatimaré más detalles sobre la muestra de la brutalidad de unos humanos sobre otros humanos. Como detalle me gustaría dejar constancia de que este que suscribe acostumbraba a ver films de terror en compañía de su padre cuando vivía en el hogar materno. Bien. Mi padre, hombre ducho y versado en este tipo de trabajos al que dedico este libro, y a quien debo mi afición devota, no aguantó esta película. Comento como colofón que tiene una escena en la que un gato real es devorado en pantalla por cientos de ratas reales hambrientas y que tal escena suscitó una polémica con los defensores de los animales como había ocurrido con la escena de la evisceración de una tortuga en *Holocausto Caníbal (Cannibal Holocaust)*.

1.2. LOS AÑOS 90 DEL SIGLO XX
1.2.1. AMÉRICA
1.2.1.1. ESTADOS UNIDOS

La sangre está totalmente instaurada en las pantallas, llegando a mostrarse el elemento líquido tanto en blockbusters como en series B y trabajos de más apretados presupuestos. Muestra de eso es Quentin Tarantino (explícitas *Reservoir Dogs*, 1991, y *Pulp Fiction*, 1993) no es sólo uno de los directores más reconocidos, sino que se permite apoyar a otros directores amantes del gore como Robert Rodríguez y hasta directores como Kenneth Brannagh o Steven Spielberg hacen uso (y abuso) de él en films ultra comerciales como *Frankenstein* de Mary Shelley (1994) o *Salvad al soldado Ryan* (Saving private Ryan, 1998). Mientras el cine independiente de terror hace uso (y ultra abuso) de él en muchos de sus títulos. En algunas ocasiones para dar pie a interesantes creaciones. En otras como un reclamo para los fanáticos, al igual que cuando Lewis y Friedman habían revolucionado sin quererlo el cine de horror. Son ejemplos de esta década en el continente americano *Entrevista con el vampiro (Interview with the Vampire)*, de Neil Jordan (1994) basada en las nuevas concepciones vampíricas de la escritora Anne Rice, surgida como film al amparo del *Dracula* de Francis Ford Coppola (1992) que había supuesto una versión libérrima de la novela Drácula de Bram Stoker, al mostrar un conde decadente y viejo y una cierta filiación de Van Helsing con él, cosa que rompería el patente maniqueísmo que prima en una historia como esta.

También quisiera pasarle por encima (en el sentido literal) a las lucrativas producciones destinadas al público adolescente, como la serie de películas *Scream, vixila quien llama (Scream,* 1996) del pueril Wes Claven, o la recurrente hasta el hastío *Sé lo que hicisteis el último verano (I Know What You Did*

Last Summer, 1997) de Jim Gillespie y todas sus insignificantes secuelas basadas en la manida premisa del asesino en serie que mata adolescentes uno por uno.

A un nivel mucho menos comercial se puede mencionar la primera secuela del *Renimator* de Brian Yuzna titulada *La novia de Reanimator (Bride of Reanimator* 1990). Dirigida también por Yuzna y todo un ejemplo de comedia slapstick mezclada con gore que no está a la altura de su predecesora -y la predecesora no estaba a la altura del relato de H.P. Lovecraft. Y lovecraft no estuvo, con esta obra, a la altura de otras de sus obras literarias posteriores, y las mejores de sus obras no están a la altura de los grandes de la literatura universal. Será mejor que no sigamos la cadena. Esta película, al parecer, fue concebida al hilo de *La novia de Frankenstein* de la productora Universal porque en este caso los doctores Cain y West siguen en su ansia de devolver la vida a los muertos, intentando en esta ocasión, ayudados por una nueva técnica para devolver la vida a una mujer. A esta mujer solamente se le pone el honor de ser la novia de Reanimator por razones comerciales sensacionalistas, pero no es cierto que sea su pareja. Los doctores conseguirán el propósito de conferirle vida a la fámula para darle salsa gore (nunca mejor dicho) a los espectadores adolescentes o adultos de espíritu adolescente. No aporta mucho, la verdad.

De esta década y continente también es una de mis películas predilectas cuando tenía veintipocos años (hoy tengo casi cien años). Me refiero a *El Ejército de las tinieblas (Army of Darkness.* 1992) del ya mencionado autor Sam Reimi, hoy comercial hasta la náusea con su infográfica serie de films sobre el hombre araña (*Spiderman*). *El ejército de las tinieblas* supuso el cierre de la trilogía The Evil Dead, comenzado con *Posesión infernal* y continuando con un remake de ésta realizado con más dinero. Son constantes en las obras de Raimi la exageraciones sangrientas llevadas hasta el paroxismo y la mezcla de los hígados y otros entresijos con tinturas de comedia slapstick. En la mente de los cinéfagos quedarán esos chorros de sangre negra y blanca salidos a presión de las paredes de la cabaña endemoniada. Quizás, como ya comenté, ese dejo de originalidad consistente en cambiar la sangre de color vino dado por un asunto de censura; de grafismo demasiado explícito. La verdad es todo un logro casual, una suerte de serendipia cinematográfica.

1.2.1.2. CANADÁ

Canadá aportará a la muestra de sangre en las pantallas en esta década una producción revolucionaria de ciencia ficción titulada Cube (1997), dirigida por Vicenzo Natali. Un film claustrofóbico que propone un problema de supervivencia a un grupo de personas ataviadas con fundas de presidiario que, sin saber por qué ni por qué no, se topan en una estructura cúbica con seis salidas posibles; y cada una de estas salidas son conducentes a otras tantas estructuras cúbicas, que conforman, en total, una suerte de cubo de Rubik gigante con la diferencia de que cada pequeño cubo de ese supuesto Rubik puede girar en tres sentidos diferentes relativos a los ejes X, Y y Z. Al hilo desto se preguntará usted, lector: por que se menta una película que parte de tan matemática y geométrica premisa bajo un epígrafe sobre gore? Pues la respuesta es que ese gigante cubo de Rubik está plagado de trampas mortales que deberán de salvar los personajes, y que le confieren a la película las pinceladas gore que la sitúan en la categoría de películas que muestran sangre, cercenamientos y mutilación. Sin duda supuso cierto punto de inflexión argumental cuando parecía que estaba todo narrado, aunque se puedan percibir reminiscencias de las trampas macabras y los juegos sádicos propuestos por el Doctor Phibes y basados en las nueve plagas bíblicas en *El Abominable doctor Phibes (The Abominabe Dr. Phibes* 1971). No hay duda tampoco de que comenzó un nuevo subgénero cinematográfico deudor de las novelas negras de comienzo de siglo en las que se mostraba una situación aparentemente irresoluble, como en la novela El misterio del cuarto amarillo de Gaston Leroux, y de muchos de los juegos de ordenador nacidos al comienzos de los ochenta como aventuras conversacionales y cuya edad de oro se estableció a partir del 1990, cuando éstos se convirtieron en aventuras gráficas: la dinámica de este tipo de juego consistía en ir avanzando mediante la resolución de diversos rompecabezas, expuestos como situaciones que se suceden en la historia, interactuando con personajes y objetos a través de un menú de acciones o interface similar, utilizando un cursor para mover al personaje y realizar las distintas acciones. Como vemos hay cierto paralelismo con el que viven los personajes en este tipo de films.Tampoco hay duda de que las ocho -probablemente nueve- películas emergidas del cortometraje *Saw* (James Wan 2004) son deudoras de este tipo de propuesta con sus secuelas. En España también tenemos nuestro particular Cube con una infantil propuesta de Luis

Piedrahita y Rodrigo Sopeña del año 2007 titulada *La habitación de Fermat*. Donde el gore, sea dicho de paso, brilla por su ausencia.

1.2.2. AUSTRALIA

En el continente australiano, concretamente en Nueva Zelanda, nos encontramos en esta década con la producción más extrema en cuanto al uso indiscriminado de la sangre. Se trata de la desopilante producción *Brain Dead*, inapropiadamente traducida en España como *Tu madre comió mi perro*, de Peter Jackson (1992), del que hablamos en otras décadas, que cuenta, en una ambientación casi de época con tintas costumbristas, cómo una rata traída a un zoolóxico neocelandés contagia a través de su mordedura una terrible enfermedad que transforma a las víctimas en muertos vivientes devoradores de carne cruda, ya sea humana o de cualquier animal que se ponga a tiro. Todo un festín de sangre, tripas, carne y huesos en el que las mutilaciones, trepanaciones, aplastamientos, decapitaciones y trituramientos llegan a paroxismo tal que el film adquiere matices delirantes y se convierte en una de las comedias slapstick gore más divertidas de la historia del cine. Eso sí, apta sólo para estómagos adiestrados.

1.2.3. EUROPA
1.2.3.1. POLONIA

El concepto de una entidad monstruosa y semihumana introduciéndose entre los lazos entre un hombre y una mujer fue revisitado en el retorno de Zulawski al cine polaco en el año 1996 con la película *El chamán (Szamanka, The Shaman)*. Trabajo que cuenta como una mujer joven (Iwona Petry) comienza un romance apasionado y animal con un profesor de antropología (Boguslaw Linda) paralelamente al hallado del antiguo cuerpo de un chamán místico por su parte, que despertará en él aspectos de la personalidad del chamán que dispararán un inevitable descenso a la pasión erótica. Aunque no muestra un horror explícito, el film es interesante de destacar por su cariz sobrenatural con conexiones entre el misticismo, el sexo, y la muerte, piedras angulares estas dos últimas que sostienen el canal del río de la sangre; del río de la vida.

1.2.3.2. ESPAÑA

En España son dignas de mención en esta década la película *Acción Mutante* (1992) de Alex de la Iglesia, que cuenta las peripecias de un comando terrorista de tullidos que ataca a los adoradores del hedonismo y de las adoratrices del culto al cuerpo en una sociedad futurista. La película comienza cuando el comando, capitaneado por Ramón Yarritu (Antonio Resines), secuestra a la hija de los dueños de una cadena de gimnasios para pedir un rescate y autodeterminarse como seres humanos de físico imperfecto. Atrapa la originalidad, y los matices sangrientos son justos y oportunos. Sin duda un film español a tener en cuenta.

Del año siguiente es una producción gallega titulada *La Matanza Caníbal de los garrulos lisérgicos*, de Antonio Blanco y Ricardo Llovo, hecha al parecer con tres pesetas y cuyas copias, parece ser, fueron vendidas antes de realizar el film para poder producirlo en todo un antecedente del crowfunding. Cuenta la historia de unos rapaces a los que se les avería el coche de camino a un concierto de rock y deciden pedir ayuda en una casa rural aislada. El anfitrión (Manuel Manquiña) los invitará a pasar de manera hospitalaria para, minutos más tarde, darse cuenta de que entraron en el cobijo de una familia de caníbales que no dudarán en hacer de ellos un auténtico desmadre sangriento lleno de humor gallego e ironía.

Los artífices de la película justifican tanta violencia gráfica explicando en la historia, en un alarde de fino humor, que la familia se había visto abocada al consumo de carne humana con la subida de la cuota láctea. Destaca la presencia actoral de Julián Hernández, líder del grupo de rock Siniestro Total, César Strawberry, líder del grupo de rock Def con De los, Silvia Superstar, líder del grupo punk Killer Barbies, de la conocida actriz gallega Teté Delgado y del humorista y actor Juanillo Estéban, que repetiría una formula parecida en un film de Javi Camino en el nuevo milenio. Una exageración para fanáticos del terror chusco con reminiscencias de las producciones Troma, que recuerda al film de Tobe Hopper *La matanza de Texas*, al film de H.G. Lewis *Dos mil maníacos*, a la muy posterior *La casa de los 1000 cadáveres* y a muchas otras películas con ese esquema argumental. Curiosa aportación por parte de la tierra gallega.

Tras años en los que las películas de Jesús Franco Manera sólo se podían ver ocasionalmente en España a través de ediciones en vídeo, en el 1996 se estrenó en cine *Killer Barbys*, lo que coincidió con un homenaje en Nueva York, donde recibió un premio de manos de Roger Corman y una reivindicación general de su obra. Sabemos el dicho de que nadie es profeta en su tierra pero como comenté alguna vez, este servidor que firma este texto no está preparado para comprender el cine de Jesús Franco.

Quedémonos sólo con el acto documental de la existencia de películas de Franco en las que hay una muestra explícita de sangre: *Killer Barbys* (1996), film tocayo del grupo punk vigués liderado por Silvia Superstar y convertido en film promocional del mismo, cuenta la historia de una banda femenina de punk, liderada por la sensual Flavia, que está de gira en su camioneta. Pero deben pernoctar en el castillo de la Condesa Olga Luchan, una persona de mi generación que no aparenta el centenar de años que tiene, y para seguir teniendo esa imagen lozana, debe sacrificar jóvenes para aprovechar su sangre. A qué chicas piensa usted que va a sacrificar? Bastante gore y ningún comentario más. Sólo exponer otros títulos de este prolifiquísimo director y de esta década que quizás escondan pinceladas gore: *Carne Fresca* (1997), *Vampire Blues* (1998), *Dr Wong's Virtual Hell*, *Broken Dolls* y *Red Silk* (1999).

1.2.3.3. ALEMANIA

En Alemania surgió otra revisitación del manido tema de *La matanza de Texas* titulado *The German Chainsaw Massacre* (Christoph Schlingensief 1990), que revisitarán también los gallegos de *La matanza caníbal...* dos años más tarde. En este caso fue enfocada desde un punto más sangriento y sórdido, siguiendo el patrón de una moda que perdura hasta nuestros días con el advenimiento del cine digital que abarata los costes en la producción de largometrajes. No aporta nada.

Del siguiente año mencionaré la secuela brutal de *Nekromantik*, *Nekromantic 2* (1991) siguiendo con la muestra explícita de un tema tan controvertido como es la necrofilia, esta vez casi hay que agradecer que los cadáveres mostrados no sean tan subversivos como en la anterior entrega. Así y todo tiene escenas altamente estomagantes, como es muy dado en este provocador cineasta Jörg Buttgereit. Que también nos deleitará con otra producción gore tres años más tarde. Se trata del largometraje *Schramm* (1994) en la que un demente ocioso no dudará en someter su cuerpo y los cuerpos de unos incautos visitadores a domicilio a las más finas y sanguinolentas torturas. Si quiere pasar una tarde mareado/a delante del televisor de su sala de estar hágase con una copia.

Peter es un drogadicto joven que una noche se queda a cuidar de su hermanita pequeña y le da por inyectarse una olímpica dosis de heroína y contarle dos historias gore en la línea de los films por episodios de la productora inglesa Amicus. Esta es la premisa de una película hecha en vídeo por Olaff Itembach, que se hizo famosa en España gracias a la distribución de Gorgom video. Sin lugar a dudas una de las propuestas alemanas gore más asquerosas e insanas que no tiene escrúpulos en mostrar gratis sangre, despieces, evisceraciones... en un revuelto de influencias cinematográficas que va desde *Hellraiser* hasta el cine giallo italiano de Lucio Fulci, pasando por el grand guiñol o el gore de Herschell Gordon Lewis, referencias al submundo de Clive Barker, etcétera. Donde el único interés radica en ver los múltiples y atroces bacanales de sangre y tripa. Un revulsivo para las mentalidades inseguras, y prueba de tránsito a la edad adulta para algún adolescente. No aporta mucho más.

Pero el director Itenbach no se conformó con dejar patente su insalubridad mental con este díptico de cortometrajes hecho hábilmente película (o su demostración de habilidad para revolver estómagos, que no conciencias), e hizo aparecer en el 1997 el film también ultra gore *Premutos, el ángel caído (Premutos, Diere Gefallene Engel)*. Una película mal llevada, mal construida, con ingentes errores de guión y carencias en las labores de producción, que, sin embargo, trascendió un poco por su cuadro exacerbado de barbaridades carniceras, muy dadas en este hombre desde su concepción inicial del terror grotesco de asco puro. Iba a escribir aquí algo sobre su sinopsis, pero opino que aprovecharé el espacio que me queda en el libro para tocar otras décadas, continentes, países y films.

1.2.3.4. ITALIA

En Italia y en los tiempos que corren (década de los noventa) quedan vestigios de grandes (u obcecados) directores del género de terror que tuvieron su gloria particular en décadas precedentes, pero ahora son usualmente marginados de las audiencias mainstream, debido a la merma del interés en el horror. Otra razón sustancial de la merma en películas de terror europeo es también la merma de la asistencia al cine, especialmente cuando se proyectan películas no hollywoodenses. Los maestros europeos -italianos-, Dario Argento, Michele Soavi o el malogrado Lucio Fulci ya anciano, aun estaban vivos. Los dos primeros son, con toda probabilidad, aquellos con más atractivo comercial, y sus respectivos últimos films fueron gozando de buena distribución, lo que implica una gran expectativa para una posible renovación en el terror europeo. Pero, parece ser, que sólo aparentemente.

El hijo del maestro Mario Bava, Lamberto, intentó sorprender en esta década con un giallo tardío, mal construido y sin casi sangre, titulado *Puzle Mortal (Misteria. Body Puzzle,* 1991). Del dominio público y en los foros interiores de los fanáticos del terror está el hecho de que Lamberto Bava no heredó ninguna de las virtudes de su padre. Nota curiosa el paralelismo de la idea de este film (mutilación de víctimas para hacer un rompecabezas humano) con *Mil Gritos tiene la noche* (Pieces, Juan Piquer Simón) e incluso con *La Residencia* (1969, Narciso Ibañez Serrador). Nada más.

Quisiera mencionar ahora algunos trabajos del artesano del gore italiano Darío Argento en esta década de los noventa: el primero responde al título de *Los Ojos del Diablo (Two Evil Eyes*, 1991), película de dos episodios codirigida con el clásico del terror George Andrew Romero. Dos adaptaciones de otros tantos relatos del conocido escritor americano Edgar Allan Poe. En la primera un viejo millonario sobrevive a la muerte a través de la hipnosis, como el personaje del relato de Poe El Extraño caso del Señor Valdemar. Mediocre escenificación que hace a este servidor considerar cualitativamente superior el episodio de *Historias para no Dormir*, de Chicho Ibañez Serrador basado en el mismo cuento. En la segunda, enésima adaptación del Gato Negro del escritor mencionado, un reportero gráfico mantiene una relación con una mujer amante de los gatos que en una vida anterior había sido una bruja sádica. Anécdota cinematográfica por ver a los dos directores colaborando, pero poco más. Luego llegaría, por parte de Argento, el film *Trauma* (1993), que es inicialmente una tentativa de llevar sus personajes típicos de film giallo a la idiosincrasia norteamericana. Decidido de esta vez a llegar a más gente que las minorías fanáticas suprimió la enorme dosis de sangre a la que nos tenía acostumbrados, pero en realidad fue con la finalidad de poder vender la película a la televisión. Trauma cuenta la historia de un artista, David Parsons, (Christopher Rydell) que conoce a una joven llamada Aura que padece anorexia (Asia Argento, la propia hija del director), a la que salva del suicidio. Poco a poco queda prendido con el fatalismo vital que rezuma la chica, escapada de un Instituto psiquiátrico, la Clínica Faraday. Una noche, durante una terrible tormenta, la chica presiente que sus padres están en peligro y presencia un nuevo ataque de un asesino que opera por la zona, el "Cazador de Cabezas", que deja en el jardín los cadáveres decapitados de sus padres. Hay que comentar al respeto de este film que, pese a los paños calientes tenidos en cuenta respeto a su posible truculencia, fracasó con estrépito y obtuvo críticas negativas.

El año 1996 es testigo de otra incursión de Argento en el cine de sangre e higadillos. Se trata de su incursión cinematográfica número once y lleva por título *El Síndrome de Sthendal (La sindrome dice*

Stendhal), primera película italiana que empleó imagen generada por computadora (CGI), pensada inicialmente para ser rodada en los Estados Unidos, pero la negativa a protagonizar la película por parte del star system americano del momento, lo impelió a regresar a Italia con el proyecto bajo el brazo. La película es un giallo con la premisa completamente cambiada pues, si normalmente en los gialli el asesino era descubierto hacia el final, en este film sabemos la identidad del criminal al cuarto de hora de metraje, dejando en evidencia que Argento maduró su repetitivo esquema narrativo para contarnos más honduras psicológicas de los personajes. Todas las calabazas que recibió Argento por parte de Bridget Honda, Kim Basinger, Jennifer Jason Leigh o Lori Singer fueron atenuadas con la elección de su propia, sobreactuada, y, al parecer, egocéntrica hija, Asia Argento.

Una nueva versión del fantasma de la ópera (*Il Fantasma dell'Opera*) fue hecha por el incansable Argento el año 1998 en coproducción con Hungría. Esta vez el fantasma no es, como en las adaptaciones anteriores, un sujeto desfigurado, más bien es un tipo perturbado, como se aprecia en que no usa una máscara; aunque se respeta la extraña fascinación de Christine por este genio musical y su entrega sexual a él, y después la enconada lucha entre su amor por el fantasma y el aprecio que siente por el vizconde Raoul de Chagny.

Esta adaptación es también más cruda que las demás puesto que las escenas de sexo entre la fantasma y Christine, las muertes, la extraña zoofilia del fantasma con ratas y la seducción erótica de Christine al vizconde Raoul de Chagny son muy explícitas, pero también la convierte en una película visualmente muy atractiva, quitando de esa hermosura la panoplia de momentos gore que incluyen empalamentos, despieces, decapitaciones y una extirpación lingual a lo bruto.

Después de *La Secta (La setta,* 1991), Michele Soavi había dejado buen sabor terrorífico tras ser chico para todo de nombres del gore italiano como Joe D´amato, Fulci o Argento, y se esperaba de él una magna obra en la cinematografía terrorífica italiana. Llega 1993 y los aficionados recibimos de su mano *DellaMorte DellAmore,* que fue coronada por los críticos e incluso corre el rumor de que Martin Scorsese compró una copia en celuloide para su colección personal. Sin embargo hubo mutismo en España al respeto del film hasta 1997, en que se hace un estreno express del film, sin aguantar más de una semana en cartel. Triste pasada preludio de su edición en vídeo por parte de Vella Visión.

Protagoniza el film Rupert Everett (luego

conocido actor) y coprotagonizan François Hadji-Lazaro y Anna Falchi en una historia basada en una novela de Tiziano Sclavi no publicada en nuestro país, que cuenta como en Buffalora existe un cementerio gestionado por Francesco Dellamorte Dellamore en el que los difuntos resucitan al séptimo día. Francesco enamorará de una viuda vuelta a la vida en uno de estos paranormales acontecimientos. Todo envuelto en un sutil manierismo colorista que por momentos puede recordar de lejos a las fastosas puestas en escena de la Hammer. La pretensión de enlazar diversos elementos tragicómicos hace que la película fracase en la esencia de su mensaje.

El de menos atractivo comercial sin duda era Lucio Fulci, controvertido y raro director del que ya hablé en otros párrafos, que nos dejó en esta década de los noventa sus cuatro últimos títulos de horror con ampulosos detalles gore que quizás muestren ciertos problemas psiquiátricos subyaciendo en el fondo de su mente, antes de fallecer en el año 1996: *Door to Silence, Voices From Beyond* (1991), *A Cat in the Brain, Nightmare Concert, Demonia* (1990), en las que no duda en autoplagiar su típica incoherencia, su gore brutal y la reiteración de sus obsesiones.

Fuera de la tríada más conocida de autores cinematográficos comentaremos dos trabajos de terror italiano en esta década: *La lavadora Asesina*

(*The Washing Machine*, 1993) de Ruggero Deodato y *La Máscara de Cera* (*Maschera dice Cera*, 1998). La primera da fe de que los encargados de traducir al español los títulos no ven las películas. La lavadora digamos que es el punto de partida de una historia policial, y no una asesina en sí misma que cobre vida y devore víctimas a través de su bocaza circular. Y lo que se nos muestra no es más que un giallo moderno con altas dosis de erotismo, donde el cadáver descuartizado de un narcotraficante aparecido en una lavadora (de ahí el título) desencadena las suspicacias de un detective que deberá averiguar quien de cuatro mujeres que viven en la casa de la lavadora cometió el crimen. Por cierto, todas están de muy buen ver.

La segunda fue realizada por Sergio Stivaletti después de morir Lucio Fulci, y bajo la tutoría de Darío Argento. Stivaletti, que en principio solo iba a hacer los efectos especiales de la película, comentó su interés en debutar como director, y de este modo se consumó la realización de este film cuya trama une los argumentos de *Los crímenes del museo de cera* (*House of Wax*, 1953), de André de Toth y de *El hombre de las figuras de cera* (*Das Wachsfigurenkabinett*, 1924), de Paul Leni. La fuerza de un evidente cinéfago como es este director nos muestran un digno producto de muy bajo presupuesto (aunque apenas se nota) que bien podía tener pasado por una película de la Hammer con la sordidez propia de la constante cinematográfica del terror italiano. El film está muy por encima de los trabajos de Argento y coetáneos, y entronca directamente con el buen hacer de maestros como Ricardo Fredda o Mario Bava.

1.2.4. ASIA
1.2.4.1. INDONESIA

En Indonesia la regla dominante en el cine de horror en esta década es que los films incorporen la riqueza de la idiosincrasia del país. La mitología nativa constituye el punto álgido del género por medio de extravagantes criaturas, lo bastante sangrientas y bizarras para ser equiparadas con las producciones homólogas de Hong Kong, Filipinas y Japón.

Por citar algo de esta mitología particular cabe mencionar a la Reina de los Mares del Sur, Sundelbolong, fantasmas de mujeres que murieron en el parto presentadas cinematográficamente con un irreverente agujero en sus estómagos y el eterno deseo de ser madres, o también la Reina Serpiente, hija de la Reina de los Mares del Sur y figura popular en el cine de terror de Indonesia.

1.2.4.2. HONG KONG

En Hong Kong encontramos en esta década *The Untold Story* (1993). Sin duda una de las películas más brutales y fuertes del cine oriental -y amoral, por que no decirlo-. El personaje es de una maldad incomparable, una especie de Aníbal Lecter aún con menos escrúpulos. Y la historia no se detiene en lo políticamente correcto, la brutalidad de algunas de sus imágenes (el asesinato de varios niños a cuchillo, por ejemplo) quedan en la retina mucho tiempo después de ver el film. Sólo superada por su segunda parte, más brutal y terrible, e indigna de comentarios. Ya en el año anterior se había realizado un film similar en su particular concepción de la ética titulado *Doctor Lamb* (1992), que deja patente la diferencia en la catadura moral de los cineastas de unos continentes a otros. En Europa no se filman gratuitamente masacres con niños. Cuando los devotos ingenuos del terror lleguen a la conclusión de que estamos ante idiosincrasias distintas a las nuestras que no les hacen descartar temas cinematográficos diferentes de los occidentales, deberán pensar que lo más seguro es que esta falta de ética en los temas responda más a un afán por hacer caja con los cinéfilos morbosos. Gore, gore, gore y más gore. Al hilo de estos dos trabajos aparecen: *New Tenant* (1995), *Ebola Sindrome* (1996) y *Beast Cops* (1998), todas protagonizadas por la estrella del cine de terror asiático Anthony Wong.

1.2.4.3. JAPÓN

Cuando quizás la temática gore estaba bastante dilatada en el continente asiático una película recaudó mas de un millón de dólares y fue la sensación del género de terror del año 1998, batiendo marcas en Hong Kong, Singapur y Japón. Esa película fue *The Ring (Ringu)* y aquel año también ganó los festivales de Bruselas y Montreal (entre otros) antes de su remake en los Estados unidos por parte de la productora DreamWorks.

El libro en que se basa parte de una trilogía escrita por Suzuki Koji y su primera edición fue de junio del 1991. La primera adaptación del libro fue el telefilm para la televisión Kanzem-ban que luego seguiría con dos secuelas y una precuela y dos series de televisión que desarrollan diferentes versiones de *The Ring* y su secuela *Rasen*.

Del 1995 hace falta destacar la tremebunda *Naked Blood* (1995) donde un chaval desarrolla una droga que es capaz de engañar al sistema nervioso de las personas, de forma que experimenten placer con el dolor. El individuo toma a un grupo de chavalas como cobayas humanas y la película, en la línea de Guinea Pig, muestra la cantidad de barbaridades que se hacen entre sí. Pasmoso seria el adjetivo para describir esta obra de Hisayasu Sato, que combina algunas escenas preciosistas con otras de más impacto que se puedan ver en el cine. Y todo eso rodeado de lo enfermizo sustentado por una música y unas situaciones (sobre todo las dos protagonistas principales) que nos hacen ver un largometraje grotesco y transgesor como pocos, en la línea de Pier Paolo Pasolini y sus jornadas de Sodoma. Abstenerse personas sensibles: hay alguna escena muy dura.

1.3. EL NUEVO MILENIO
1.3.1. AMÉRICA
1.3.1.1. ESTADOS UNIDOS

La llegada del nuevo milenio trajo consigo la proliferación del cine digital que supuso notables abaratamientos en los costos de producción de largometrajes. Que aun así no aportó nada diferente de una saturación de remakes a cada cual más insulso e innecesario: *Las colinas tienen ojos (The hills have eyes)*, que superó a su base original de Wes Claven, *La matanza de Texas (Texas chainsaw massacre)*, supervisada por el propio Hopper que dio fe, así, de sus carestías, *La casa de cera (House of wax)*, *El asesino de la caja de herramientas (Toolbox murderers)*, otra vez Hopper, *Blood Feast 2: All U Can Eat* (2002), remake innecesario de la cinta de culto *Blood Feast*, *La niebla (The fog)*, falta de respeto a John Carpenter pero que seguro se metió en el bolsillo un buen cheque referido a los derechos de autor, *El amanecer de los muertos (Dawn of the dead.* Zack Snyder 2004)... que aportaron al fantástico americano un mínimo muy mínimo de productos salientables por su calidad. Así encontramos a un George A. Romero que no se entera de que quizás goma de los zombis purulentos y sangrientos se estiró de más: *La tierra de los muertos (Land of the Dead* 2005) que es una cruenta parábola sobre la presente situación política y social en los Estados Unidos conforme a las ideas (un poco descuidadas) de Romero, y *Diario de los muertos (Diary of the Dead* 2007), esta última con la innovación añadida de las videocámaras digitales grabando zombis en tiempo real como nuevo concepto narrativo, que también se puede ver en films españoles de esta década como *Rec* (Jaume Balagueró y Paco Plaza 2007) y su secuela, *Rec 2*, y sus versiones americanas (toma remake), *Quarantine* y *Quarantine 2*.

También se nos cae el ánimo a los pies a los

cinéfagos terroríficos al dar fe de la falta de originalidad que se entrevé en las enésimas adaptaciones a la pantalla de videojuegos ultravendidos: *House of the Dead, Resident Evil, Mortal Kombat, Doom, Alone in the Dark, Silent Hill* y muchas más. Así como también nos pesa ver hasta el hartazgo la expresión gore a través de adaptaciones terroríficas de historias del noveno arte, del cómic, del papel couché: *Blade, Hellboy, Desde el infierno (From Hell), La liga de los Hombres Extraordinarios (The league of extraordinary gentlemen), Costantine, Mirror mask*, etcétera. Que, además, compiten en las carteleras con las sempiternas historias de miedo para adolescentes que embrutecen una y millares de veces a los autores de culto como Wes Claven, con cosas como *Scream 3* (2000) o *La Maldición (Cursed,* 2005) o enaltecen cutreces artesanas como las de David Decoteau: *El grito de la momia (Ancient Evil: Scream of the Mummy,* 2000), *Instituto sangriento (The Frightening,* 2001).

Bastante más dignas de mención -pero sin llegar a ser obras maestras- son las dos primeras películas de la saga *Saw*, de la que ya hablamos hace unas líneas al amparo del comentario de la película canadiense *Cube*. La saga *Saw* puede ser considerada la máxima representación de la sofisticación cinematográfica del arquetipo del asesino en serie, y prueba de ello son las complicadas piezas de guión que atesoran estas cinco películas (aunque a veces hallemos agujereados esos mismos guiones).

El cantante del grupo White Zombie, Rob Zombie, metido a realizador cinematográfico con la entrada del nuevo milenio, aporta para América *La Casa de los 1000 cadáveres (House of 1000 corpses,* 2003), una enésima versión de *La Matanza de Texas* y a su vez imitación de las imitaciones de este inflexivo film de Tobe Hopper. Con la exclusividad (agradecida) de una estética freaky que nos lleva mentalmente a *La Parada de los Monstruos (Freaks)* de Tod Browning, al irreverente film *Killer Klowns from outer space* (1988) o, incluso, a todas esas películas de los años ochenta en las que el mal acechaba desde una feria de muchos colores llena de casetas y atracciones. El trabajo de Zombie (Rob) también aporta una importante dosis de horror grandguiñolesco y un notable mal gusto.

Este film fue producido en el 2001, pero no se estrenó hasta lo 2003 porque sus dos primeras distribuidoras en América, la Universal y la Metro Goldyn Myer, se negaron a aceptar el resultado final por considerarlo de contenido sádico. Pero tras su revisionado podemos llegar a la conclusión de que lo mejor de este film está en la incomodidad como estilo, en un nihilismo exacerbado, y que las atrocidades mostradas se acercan a un nivel de absurdo tal que nos queda sólo la opción de aceptar que nos hallamos ante un retrato de lo humano a través de un gótico americano del sur que no nos interesa un pelo conocer in situ.

Conoció una secuela con los mismos personajes titulada *Los Renegados del diablo (The Devil's Rejects*, 2005), adscrita quizás a la categoría de -si me permitís esta combinación- western gore, en el que, aparentemente, subyace un olor moralista al ver que los criminales van a pasar por el aro de la justicia de un sheriff, que luego se diluye para darnos paso a una enseñanza lapidaria y desesperanzadora sobre la crueldad humana. Pues -atención spoiler- el sheriff no era más que un sheriff sádico que nos golpea con la idea de que hasta los buenos se degradan en esta película. Interesante concesión a la sin razón.

Stephen Sommers, por su parte, nos ofrece a comienzos del nuevo milenio un cine de serie B con presupuestos de serie A, llegando a una vulgarización cultural de los más importantes personajes de la literatura y del cine fantástico que recuerda a la operación de mercado que se les ocurrió a las cabezas pensantes de la productora Universal allá por los años cuarenta, cuando no dudaron en mezclar monstruos clásicos cómo reclamo cinematográfico, lo que nos hizo ver juntos en pantalla a Abbot, Costello, la momia y el conde Drácula, y lo que hoy es un Alien contra un Depredador. Cosa que nos dice que los films de Sommers son vulgares películas con monstruos mezclados y artificios digitales a millares. Sólo las mencionaremos: *El retorno de la Momia (The Mummy returns,* 2001) y *Van Helsing* (2004).

Otro referente del cine de terror del nuevo milenio lo constituye un director de poco más de treinta y cinco años hijo de un profesor universitario y de una pintora, llamado Eli Roth, con un cine despersonalizado que funciona por la acumulación de influencias cinematográficas de un adicto al cine de terror. Son films los suyos de tendencia gore, donde se explota lo visible y se deja en una orilla la sugerencia. Produjo una nueva versión grotesca de *2000 Maníacos* con Robert Englund como cabeza de cartel (*2001 Maniacs!,* 2005).

Sus films más conocidos son *Hostel* (2005) y *Hostel 2* (2007), en el que muestra influencias lejanas de su preceptor Quentin Tarantino en unas películas cuya historia está inventada a partir de una experiencia real; la de una página web de Tailandia en la que se ofrecía la posibilidad de matar a un ser humano por el módico precio de diez mil dólares. Aparentemente una buena idea capaz de conectar entre sí distintos elementos terroríficos, pero la puesta en escena obedece a una fórmula grandguiñolesca gratuita del relato de terror sobre premisas realistas. En la primera parte cuenta la historia de dos jóvenes estadounidenses que viajan a Europa en la búsqueda de sexo fácil. En su periplo conocen a un chaval islandés llamado Oli. El grupo llega a Ámsterdam (acumulación de los tópicos de siempre), donde cumplen parte de su viaje erótico en una discoteca. Al regresar a su hostal ven que estaba cerrado porque ya era muy tarde. Entonces otro chavalote les ofrece pernoctar con él y éstos aceptan. El chico les habla de que en el Este de Europa (Europa casi medieval, como se verá) hay un hostal donde cualquiera que se hospede tendrá sexo con las jóvenes más hermosas. Por eso los jóvenes suben a un tren de camino a ese hostal. En el tren conocen a un hombre de negocios con el que conversan, aunque es un poco raro. Cuando llegan y encuentran el hostal, inmediatamente las jóvenes empiezan a tener interés en ellos. Esa misma noche, los jóvenes logran su objetivo con las chicas después de ir a un garito. Pero lo que no saben es que opera por allí una red que permite asesinar personas a los ricachones procedentes del mundo occidental, para liberar tensiones; carnicerías humanas que se han convertido en un negocio lucrativo.

La segunda parte (*Hostel 2*) tiene un arranque

similar con la particularidad de que ahora, en vez de incautos, habrá incautas. Sigue siendo pasmoso el uso indiscriminado de la sangre y las acciones sádicas como revulsivo, exhibiendo una galería de personajes esperpénticos que parecen una versión tétrica de los arquetipos que dominan el cine de Aki Kaurismaki. El dolor se alía con los cameos, pues en las cabezas que decoran una habitación secreta se encuentran las del propio Roth y la de Tarantino. Destaca la aparición de secundarios como Edwige Fenech, Ruggero Deodato, o Luc Merenda, y sorprende el homenaje al horror europeo con la secuencia que, nombrando a la condesa Elisabeth Báthory, rememora la litúrgica puesta en escena de una ceremonia sangrienta sugerida del cine de terror europeo de los setenta, o más concretamente a *Countess Drácula* (Peter Sassdy, 1971).

Otro film por lo que es conocido Roth, este fanático del terror que había participado en una de las partes del *Vengador Tóxico (Toxic Avenger)* de la irreverente productora Troma, es *Cabin Fever* (2002), en la que unos adolescentes se enfrentan a los efectos de una plaga transmitida por simple contagio, invocando el terror rural de *La matanza de Texas*, los bosques fantasmagóricos de *Evil Dead* de Sam Raimi, *La noche de los muertos vivientes* de Romero, todas las versiones de *La invasión de los ladrones de cuerpos* e incluso *El pueblo de los condenados (Village of the Damned)*, las dos adaptaciones de la novela de John Wyndham The Midwich cuckoos, en un relato estructurado de manera poco revolucionaria, limitándose a poner en escena una situación simple y perpetuarla durante el metraje. No dudando en incluir pasajes y personajes de relleno, como todo lo que tiene que ver con el ayudante del sheriff obsesionado con la juventud que monta fiestas al aire libre donde corre el alcohol (botellón?). Todo un trasunto de la ferocidaz de la epidemia del SIDA pero contado sin fuerza y de una manera que puede provocar en el espectador la búsqueda de influencias de otros realizadores. Nada nuevo bajo el sol.

Las dos entregas de *Jeepers Creepers* fueron lo bastante para situar al director Victor Salva entre los más interesantes realizadores del cine fantástico norteamericano del nuevo milenio, pues bajo la apariencia tradicional (a veces costumbrista) de sus películas se esconde la personalidad que sabe que hay muchas posibilidades de subvertir géneros y subgéneros.

En la primera parte de *Jeepers Creepers* (2001) un ominoso demonio que cada veintitrés años sale de su hibernación durante veintitrés días para alimentarse de carne humana, se da cuenta de que es momento de eso, de perturbar a propios y extraños con momentos de puro terror, higadillos y todo eso que llevamos dentro del vientre y que acoge este epígrafe, y que nos saciará hasta el final de la segunda parte: *Jeepers Creepers 2* (2003). El arranque nos retrotrae a algunos conocidos ejemplos de lo que se conoce como Gótico Americano, en un terreno marcado por *La matanza de Texas* y *El Diablo sobre ruedas (Duel,* 1972). El film cuenta la historia de dos hermanos, Trish y Darry, que se llevan fatal (ruptura con el tópico de la pareja de novios en celo), y que vuelven a casa desde la universidad y tienen que cruzar en coche el medio oeste americano. Durante su viaje a través de un paisaje inhóspito tienen un encuentro terrorífico con un monstruo que intenta sacarles de la carretera con su camioneta (no sabemos si tendrá el carné, pero se supone que no). Poco tiempo después los jóvenes ven al conductor de la camioneta junto a una iglesia abandonada y observan como arroja por una gran tubería abierta lo que parecen ser dos cuerpos envueltos en sábanas, e investigarán, claro, si no hubiesen investigado acabaría ahí la película.

En la segunda parte, un personaje llamado Taggart y sus hijos se hallan trabajando en los campos de maíz de su propiedad cuando la bestia agarra al pequeño de la familia transportándolo por los aires hacia un destino que se adivina horripilante.

Cerca de allí, en una carretera desierta, un autobús escolar transporta un equipo de baloncesto estudiantil y a sus animadoras. Vuelven de ganar un importante trofeo en un campeonato estatal. Cuando el autobús se avería en un tramo solitario del camino (*Las colinas tienen ojos* segunda parte???), la excitación por la victoria se convierte rápidamente en inquietud. Tendrán alguna posibilidad ante la poderosa y espectral abominación que les acecha?

Sobre el título, *Jeepers Creepers*, decir que es una canción de finales de los años treinta, que aparece en una película titulada *Going Places* (en la que sale Ronald Reagan!), y el nombre en realidad era de un caballo que sale en la historia... la canción es más reconocida por la versión, no tan reciente ya, de Siouxsie and the Banshees, "Peek-a-boo", y de hecho la que suena en la cinta suena más a una versión de la de Siouxsie y no a la original... Ahora lo que habría que hacer sería buscar una conexión entre el monstruo y esa canción. Pero no estamos para eso.

1.3.1.2. CUBA

En Cuba es curioso mencionar el trabajo de Jorge Molina. *Test (Molina's Test* 2002), insiste en destacar las que pueden ser las grandes obsesiones de su autor: el sexo como signo imborrable de vitalidad, la pasión como esencia del mundo, y el cine de espectáculo (muchas veces gore) cómo referente no substraible. Y tal vez el único de los realizadores cubanos que se propuso dinamitar la moral fílmica al uso, o por lo menos cuestionar sin medias tintas esa otra que se aprovecha de convencionalismos y recatos para convertir algo tan serio como es la violencia y el sexo en un tópico absolutamente comercial. Lo que nos demuestra que los argumentos de las películas de cine gore, en contra del que muchos piensan, se emplearon para hacer feroces críticas a la sociedad o para la parodia y la comedia exagerada. La una represión inacabable; a la feroz dictadura vivida en la isla.

1.3.1.3. CHILE

En Chile Jorge Olguín estrenaba *Ángel Negro*, que cuenta la historia de un forense, Gabriel, que descubre que alguien está asesinando a sus antiguos compañeros de curso (Vieron la película posterior de la Fantastic Factory, *La monja*?). Todo se retrae a diez años atrás, el día de la graduación, cuando una compañera del grupo cayó por un barranco ante la vista de todos, y nadie fue capaz de encontrarla. El forense tiene razones para pensar que ella volvió de la tumba para servir el más frío de los platos: la venganza (Vieron *El arte de morir*?). La originalidad no es su fuerte, pero muestra una curiosidad episódica por estar filmada en estas latitudes.

1.3.1.4. MÉXICO

En México, luego de un gran espacio por llenar, parece que se quiere volver al género con La llorona (2006), remake de una obra de René Cardona de 1960 sobre una leyenda folclórica en la que también está basada *Kilometro 31* (2006) y hasta osadas novelas de dudosa calidad como Cañitas (2007), representan el terror que se produce en este país en los estertores de la primera década de este nuevo milenio.

El fenómeno de la llorona es curioso en México. Se trata de una leyenda que aparece en este país y que puede encontrarse también en Chile o Costa Rica. Hay variaciones sobre el arquetipo, pero las películas se basan en los siguientes rasgos: es una mujer que aparece siempre por las noches, va vestida totalmente de blanco o de negro, se trata de un alma en pena en busca del perdón, es un demonio, le mataron a los hijos y enloquece intentando hallar sus cadáveres. Como dato apuntar que existen otras versiones cinematográficas de desigual resultado de los años 1933 (*La llorona.* Ramón Peón), 1947 (*La herencia de la llorona.* Mauricio Magdaleno), 1961 (*La maldición de la llorona.* Rafael Baledón), 1974 (*La venganza de la llorona.* Miguel M. Delgado). Y más saturación lacrimógena en este nuevo milenio: *Las lloronas* (2004), *Haunted from within* (2005), *Llorona the Wailer* (2006), *La Leyenda de La Llorona* (2007), *The cry* (2007). No lloren, por favor, sigan leyendo.

1.3.2. AUSTRALIA

Australia, de la mano de Kimble Rendall, aportó el film *Cut* con la cantante Kylie Minogue como protagonista y gancho. Película meta cinematográfica que no aporta la originalidad que pretende (véase *Evil Ed* -que no *Evil Dead*-, del 1997, y otras muchas propuestas ochenteras del cine de terror dentro del cine de terror, como *Angustia* del español Bigas Luna, ya comentada).

Pese a observarse propuestas cinematográficas dispersas por el continente americano, el cine de terror, con su muestra explícita de sangre, sufrió en esta década, y a nivel mundial, una alarmante decadencia, refrendada por saturación de conceptos, por una manifiesta carencia de ideas y por la ausencia de sorpresas. Son algunas de las características por las que pasa el género, que por momentos da la impresión de que tan sólo se concibe para neófitos sin conocimientos, que están dispuestos a devorar cualquier cosa que se les proyecte.

Actualmente el sensacionalismo ha cogido al cine por ese sitio que sabemos y las producciones parece que compiten constantemente por hallar la muestra más subversiva posible sin dudar en hacer refritos de mitos, clichés y arquetipos del género combinados con tecnología.

1.3.3. EUROPA
1.3.3.1. FRANCIA

Francia aporta a la cinematografía de terror extremo un film de un nuevo director llamado Alexandre Aja, que también llamó la atención al volver a dirigir la película de Wes Claven *Las colinas tienen ojos (The hills have eyes)* y quedar por encima del cineasta original. Se trata de la producción *Alta Tensión (Haute Tension* 2002), un montón de escenas ultragore de asesinatos, con una barbarie que parece deudora del terror de los años setenta y comienzos de los ochenta. Pues el gusto por los objetos cortantes del criminal de *Alta Tensión* recuerda a los gialli italianos y, en general, el tono excesivo de la violencia quiere provocar una reacción visceral de malestar. Estos efectos hallan su cometido gracias también a la pericia de Gianetto de Rossi, creador de efectos especiales, que también había trabajado en las eméticas escenas de las películas de Lucio Fulci.

Lionel Delplanque demostrará con la cinta sangrienta *Deep in the Woods*, en el año 2000, cómo se puede potenciar el escaso interés de una idea plana y un lenguaje cinematográfico sin interés con una fuerza visual potentísima que recuerda también al Giallo italiano de maestros del terror como Mario Bava y Ricardo Fredda, o menores como Darío Argento o Michele Soavi.

Mención aparte, dentro del poder visceral y sangriento que parecen emitir las latitudes galas en este nuevo milenio, la película del director Xabier Gens en coproducción con Suiza, *Frontiers*, del año 2007. Buen paradigma para este libro sobre el Gore.

1.3.3.2. ESPAÑA

En España la filmografía de terror experimentó un cierto auge en tiempos recientes. Autores ya consolidados en este movimiento e inmigrados del sur de América como Guillermo del Toro, que ya nos había sorprendido la pasada década con *Cronos* (1992) nos trae *El espinazo del diablo* (2001) y *El Laberinto del Fauno* (2006), dos propuestas sangrientas que juegan con cierta trampa para nuestro país, pues proceden de un talento importado en una figura creativa que también hizo incursiones de cine en la meca cinematográfica americana. Las obras de Guillermo del Toro se caracterizan por dominar una estética y ambientación espectacular, transportándonos a ambientes tétricos y agobiantes o situaciones mágicas, sangrientas y fantásticas que denotan un misticismo inigualable en unas tramas revolucionarias e interesantes.

Jaume Balagueró dirige cuatro propuestas en esta década: *Darkness* (2002), *Frágiles* (2005), *Para entrar a vivir* (2006), y *Rec* (2007), que , según la experiencia de cinéfago empedernido de este que suscribe, y quitando la cierta repercusión de Rec, poco aportan en la cinematografía de terror a nivel mundial. Darkness recuerda a aquellas películas americanas de los ochenta sobre casas de terribles pesos demoníacos, como las de la saga de Amytiville, pero la cantidad de influencias hace que se diluya una intención clara de comunicarnos algo respecto a ningún tipo de terror; ni el de sangre ni el sobrenatural, y se hace muy confusa. *Frágiles* es una pieza que muestra las obsesiones de Balagueró por los hospitales, la asepsia y la luz blanca, en una historia de niños fantasma hospitalarios que no aporta el gore que requiere este libro.

La que sí que muestra el gore en el que se basa este libro es *Para entrar a vivir*, un telefilm para mi gusto muy superior a la comercialoide *Darkness*, que nos muestra hasta qué extremos puede llegar la obsesión obcecada de una persona, y qué caminos inexpugnables contiene la mente humana. Interesante, aunque, objetivamente mirada, supone una enésima incursión de un psicópata en el cine. Así y todo, el film depara buenas sorpresas.

Rec, sin embargo, no supuso nada nuevo en la cinematografía de terror, pero quizás sí en la cinematografía española de terror, pues sigue el cierto esquema mondo o found fotage de intentar hacernos creer que estamos viendo una realidad pseudosnuff -valga el neologismo- de un reality show, refrendado por el uso de estas cámaras baratas de vídeo que proliferaron con la entrada del nuevo milenio. Aunque inicialmente pueda sorprender, siempre estará latente la sombra de *El proyecto de la bruja de Blair* o incluso las recentísimas *El Diario de los muertos* o *Monstruosity*, o yendo aún más atrás, *Holocausto Caníbal* o las sórdidas películas con escenas reales que se exhibían por los pueblos americanos de los años cuarenta a lomos de una carreta con un cinematógrafo. El formato distinto, pero la idea la misma. Pensemos.

En esta década también dirige Juan Carlos Fresnadillo para el Reino Unido y bajo encargo *28 semanas después (28 weeks after,* 2007) con un guión muy, muy diferente del de la primera parte del film *28 días después (28 days after,* 2002). Y Juan Antonio Bayona muestra la sobrevalorada *El orfanato* (2007), que no es mencionada por su calidad artística (véase *El Internado, Saint Age,* 2004. *La residencia,* 1968 o *Hasta el viento tiene miedo,* 1967, 2007), sino por un detalle gore brutal completamente gratuito que no aporta nada en el desarrollo de la trama. Sí, lector observador, la escena de la anciana atropellada.

También es digna de mención la productora catalana Filmax de cabeza pensante gallega (Julio Fernández), que ideó una filial cinematográfica llamada Fantastic Factory, creada muy a finales de los noventa con la intención de producir siete films de terror gore bajo la denominación de la serie B con presupuestos holgados. Para eso Julio Fernandez se asoció con el conocido director de films de serie B (casi Z) Brian Yuzna para sacar adelante el encargo. Las películas -fallidas todas antes de continuar- que se llevaron a cabo, fueron las siguientes: *Faust* (2000), dirigida por el propio Brian Yuzna, es una revisión sangrienta aparentemente original sobre el mito de fausto que mezcla de manera grotesca otros tópicos, trozos del cómic (Faust es un híbrido entre Batman y Spawn) y efectos especiales de feria (véase el esqueleto de plástico bailando entre las llamas del infierno). *Arachnid* (2001), de Jack Sholder, es un fallado homenaje a las películas de criaturas agigantadas por mutaciones genéticas. Es casi una experiencia surrealista y su visionado se cuelga entre algunos bajísimos momentos de acción y la gracia patria que supone ver actuando en una película de monstruo a Pepe Sancho y a Neus Asensi (y dialogando en un inglés particular). Curiosa, pero nada más.

La tercera incursión se tituló *Dagon, la secta del mar* (Dagon. 2001), dirigida por Stuart Gordon, llevando el relato de H.P Lovercraft a la pantalla. La verdad es que la película no parece ninguna obra de arte, pero comparada con las otras dos anteriores tiene un cierto carisma que la convierte en la menos mala de la serie. Las actuaciones son mediocres, a excepción de Francisco Rabal que hace aquí el último papel de su vida (bluf...) con una muerte espantosa y gore. La musica es la idónea para el film con samples de canto de sirena, quizás lo mejor junto con la ambientación. Fotografiada en el pueblo gallego de Combarro, las criaturas del pueblo emiten unos ruidos de foca y hablan gallego entre ellos (¡!) Ya sé que si una película rodada en inglés, hablada en inglés y donde las criaturas malévolas que les ponen trabas a los protagonistas americanos hablan en gallego es la mejor propuesta de la Fantastic Factory, no debería seguir mencionando nada de la productora, pero la realidad histórica que supone que un vecino nuestro hubiese andado metido en la génesis de una productora de films gore me obliga a seguir a torturaros.

La siguiente tortura sádica a los espectadores viene de manos del film *Darkness* (2002), de Jaume Balagueró, apuestas españolas para seguir construyendo la serie española de aportaciones al gore por parte de una empresa de aquí. De este film hablamos hace un rato y hay que destacar que posee una fotografía muy buena, pero poco más a su favor, dejando patente las huellas (suponemos que involuntarias) de la Fantastic: Capacidades pero falta de imaginación e impericia en la realización. En fin.

Un escritor de Allariz (Ourense), Alfredo

conde, escribió ad hoc el libro Memorias Inciertas del Lobishome para que las cabezas pensantes de la Fantastic desarrollaran el guión de la historia siguiente sobre el saca untos de Allariz. Se pretendía llevar a las pantallas la leyenda de Manuel Blanco Romasanta, el criminal del siglo XIX que fue acusado de matar a varias personas (sobre todo mujeres y niños), y que fue absuelto porque dijo en su defensa que era un licántropo. Quizás fuese el primer caso documentado en nuestro país de un asesino en serie. La película se materializó en *Romasanta. La caza de la bestia* (2004), comandada por Paco Plaza. Se le percibe una producción y una ambientación bastante cuidadas, excepto en algo que llama la atención del espectador más despistado: los personajes escriben en inglés (¡!), cuando nos encontramos en el Allariz de las profundidades de la Galicia del siglo XIX (1850). La película resulta decepcionante al enterarnos que con la enjundia inicial con la que parte a historia, potencialmente transformable en caminos fantásticos que seguir, no se profundiza lo mínimo indispensable en ninguno de ellos, decantándose por el camino del drama de amor vivido entre una insípida Elsa Pataki -que pasa de tierna inocente novia a una activa investigadora de lo paranormal mezclada con una especie de Lara Croft decimonónica en la búsqueda del asesino- y un

Julian Sands correcto en su presencia de lobo con piel de cordero. La transformación en licántropo también es sugestiva, pero no suple la carencia general de la historia.

Con *Rottweiler* (2004) la filial de Filmax vuelve a la realización extranjera; y el film se convierte en otro de los empeños de Brian Yuzna por hacer cine de terror en la Fantastic Factory. La historia parte de una versión libérrima (y tanto) de la novela de Alberto Vázquez Figueroa El perro, y cuenta, grosso modo, las peripecias de un preso (el monocorde William Miller) en la frontera de un país futurista escapando de un perro que en realidad tiene el cincuenta por ciento de cyborg, explicitado esto en una escena cutre final de Terminator canino. Cuenta también, como curiosidad, con la presencia del hiperactivo cinematográfico (pero artísticamente mediocre), Jacinto molina (Paul Naschy), y su visionado no impele a escribir nada, salvo que los momentos gore son puntuales pero explícitos.

Beyond Reanimator (2003) también es de Brian Yuzna y supone la tercera entrega cinematográfica de las andanzas del doctor Herbert West, el reanimador, personaje del relato tocayo de Howard Philip Lovecraft de finales de los años veinte. No aporta tampoco mucho y su tono paródico chusco hace que aún se degrade más el espíritu pulp inicial del relato. Cuenta con la presencia del estólido Jeffrey Combs, de una voluptuosa Elsa Pataky pero con cara de palo, de un histriónico Simón Andreu y de un absurdo e innecesario Santiago Segura. Film innecesario con momentos de sangre bastantes.

Jaume Balagueró vuelve con una de terrores médicos, asepsia y olor a medicamento, titulada *Frágiles* (Fragile). Su ausencia de violencia sangrienta explícita nos hace continuar. No así *Bajo Aguas Tranquilas (Beneath still waters)*, que es el enésimo error cinematográfico de Brian Yuzna (salvo *El Dentista*) y nos muestra cómo la impericia en la realización es capaz de hacer de una buena idea (lovecraftiana, constante en él) un refrito de malas actuaciones, efectos CGI un poco cantantes, y referencias varias y variadas a sus propias películas anteriores, a la *Dagon* de Stuart Gordon y, en definitiva, a los aspectos de la mitología de H. P. Lovecraft.

Los Abandonados (2006) es una propuesta del director de previos gores Nacho Cerdá (*Aftermath* 1990) que parte de una premisa original que pronto devendrá en un film aburrido sin casi ninguna escena gore. No satisfará nuestra esencia más baja, cosa que sí hará *La monja* (2007) de Miguel de La Madrid pero cuyo esquema tan poco original me obliga a no escribir nada más sobre este producto de terror.

Mención aparte merecen engendros de la catadura de *Mucha Sangre* (2002) coprotagonizada por la gallega actriz vista en la serie *Mareas Vivas*, Isabel del Toro. No hay nada que decir al respeto salvo que los propios productores se enteraron de que una estrategia para vender tal film podría ser publicitar que se emplearon millares de litros de sangre en la película. Una lástima. Tiene una secuela apócrifa rodada en vídeo titulada *Mucha Sangre 2 (Mucha sangre 2)*.

En este nuevo milenio en España Álvaro Fernandez Armero perpetraba *El arte de Morir* (2000), siempre al amparo de las películas americanas de adolescentes en las que una suerte de maldición propicia que un grupito de amigos se vaya diluyendo a razón de chaval o chavala cada cinco minutos, materializado en los crímenes más creativos posibles. El arte de Morir tiene una premisa trillada y, salvo pinceladas sangrientas aisladas, no merece comentarios nada. Pues quitando la aventura cinematográfica fallada de la Fantastic Factory y los éxitos sin sangre de Amenábar, la filmografía de terror en España parece pretender seguir los patrones internacionales. Lo que antes era achacado a censuras y bajísimos presupuestos hoy se achaca a una infraestutura cinematográfica deficitaria que chupa y chupa de las subvenciones hasta, suponemos, acabar muriendo por inanición. Cuando la sospecha real vuela alrededor de la calidad de los guiones.

1.3.3.3. ALEMANIA

Stefan Ruzowitzky dirige *Anatomía (Anatomie,* 2000), que puede pensarse inicialmente un thriller revolucionario sangriento de factura americana. Pero solo en apariencia, ya que pronto se apercibe en la propuesta un efectismo en la línea de los gores directos de Eli Roth, la idea conspiranoica docente de la *Tesis* de Alejandro Amenábar y *The Faculty* de Robert Rodríguez y el olor de toda la índole de doctores locos que pasaron por el cine en estos cien años y que antepusieron la ciencia a la ética. Un revulsivo que emplea la idea de la técnica de la plastificación de cadáveres creada por Gunther Von Hagens para conferirle a la historia un extra de morbo que supla lo que le falta a una trama bastante vista que no aporta originalidad. Eso sí, sacia las esencias más bajas de los espectadores. Conocerá una secuela del año 2003 titulada *Anatomía 2.* ambas fueron protagonizadas por la medianamente conocida actriz Franka Potente. Evasión, mera.

1.3.4. ASIA

Como ya habíamos sugerido a lo largo del libro el cine de terror sangriento asiático opera bajo otros códigos culturales muy diferentes a los nuestros y por lo tanto supone un hándicap para un correcto análisis de sus films. Productos como *Ichi the Killer* (2001) de Takashi Miike muestran una violencia visceral (y nunca mejor dicho) que parece asumir una crucial función catártica dentro de sociedades donde la represión de emociones e individualismo y el respeto minucioso a las normas echan a muchos artistas a romper con lo establecido a través de obras -cinematográficas- radicales.

Las historias más originales las proponen el cine de terror japonés, el cual tiene como una de sus principales constantes una mujer como protagonista fantasmal y que el cardinal misterio de la trama nunca se resuelve por completo. Optando ya por suprimir la sangre en favor de causas sobrenaturales.

Películas como *The ring* (2002), *La maldición (The grudge* 2003) y *El ojo (The Eye* 2002), obtuvieron tanto éxito en el alejado oriente que fueron adaptadas por Hollywood exhibiendo, de este modo, su crisis de ideas alrededor de films de corte terrorífico, pues parece que siguen adscritos a los monstruos y asesinos múltiples, basados en sus propias fobias y demonios, en su realidad, que constantemente percibe matanzas en escuelas y celebraciones gozosas de querencia enfermiza por las armas. Y parece que sólo interesa el miedo, el malestar físico que suscitan todas y cada una de la secuelas que integran los relatos atestados con un altisonante escándalo de la razón y de la moral ante actos y actitudes que intentan agujerear nuestras conciencias sin paños calientes ni posibilidad de escape.

De esa idea surgen cosas gore como *Meatball Machine* que nos muestra un casi surrealismo cárnico que mezcla la concepción cronembergiana de la nueva carne con las fantasías cyberpunk con el manga y con las épicas mecanicistas modernas en la línea de las tres entregas del marcial *Terminator*. Todo esto para contarnos la historia de un tímido albañil y una tímida joven que, siendo novios, no pueden consumar su amor porque unos ser extraterrestres escogieron sus cuerpos para enfrentarlos en una sangrienta batalla a muerte, transformados en criaturas biomecánicas de la imaginación de Keita Amemiya. En fin. Fantasías mecánicas futuristas propias de un sector tecnológico japonés de su idiosincrasia, tan diferente de la nuestra.

Y es que es precisamente esa diferencia lo que

nos explica que en los comienzos del siglo XXI el cine de sangre (y de fantasmas atormentados) asiático conociese una verdadera explosión mundial con cintas dignas de ser estimadas por encima de otras como la de la década previa (1998) *The ring*, de Hideo Nakata que luego conoció versiones y secuelas. Estará la esperanza de este tedio maldito en oriente?

NO TE PIERDAS EL LIBRO MONOGRÁFICO ESPECIAL SOBRE EL GORE HASTA LOS AÑOS 70.

Otros libros del autor en Amazon:
Vampiros: en busca de tu sangre en la eternidad.
Nuestra paciencia bajo el terror de los zombis.
Relatos grotescos. Volumen1
Cuentos de terror. Volumen1
Ciencia ficción 1: Los soles pasados

BIBLIOGRAFÍA

AA. VV.: Revista Dirigido por. Revista de cine. N° 335 Junio 2004, N° 334 Mayo 2004, N° 333 Abril 2004, N° 274 Diciembre 1998, N° 256 Abril 1997, N° 358 Julio-agosto 2006, n° 197 y N° Extra. 291 Junio 2000.

AA. VV.: Miradas de Cine. n° 63 Junio 2007.

AA. VV.: Little Shoppe of Horrors. N° 22 Marzo 2009.

AA.VV.: Revista Quatermass. Verano 2004. Antología del cine fantástico Británico.

AA.VV.: Pánico en las salas. 100 años de escalofríos cinematográficos. Fotogramas. Cuadernos de cine.

Aguilar, Carlos: Fantasía española: negra sangre caliente en Cine fantástico y de terror español. 1900-1983. Donostia Kultura. Semana de cine fantastico y de terror de San Sebastian, 1996.
Aguilar, Carlos y otros: Cine Fantástico y de Terror Español. 1900-1983. Donostia Cultura. San Sebastian, 1999.

Aguilera, Alex: Directores del género fantástico 1904-2004. Editorial 2001. Barcelona, 2004.

Caparrós Lera, J.M.: Breve Historia del cine americano. De Edison a Spielberg. Litera. Barcelona, 2002.

Cebollada, Pascual y Rojizo Gil, Luis: Enciclopedia del

cine español. Cronologia. Ediciones del Serbal. Barcelona, 1996.

Cueto, Roberto y Weinrichter, Antonio: Dentro y fuera de Hollywood. Generalitat valenciana. Valencia 2004.

Díaz Maroto, Carlos: Los Hombres Lobo en el cine. Ediciones Jaguar. Mayo 2004.

G. Panadero, David: Terror en píldoras. Las películas episódicas de terror. David G. Panadero. 2009.

Garcia Ramon, Toni: Coleccion Cine de Terror libro + DVD (20 volúmenes). Ediciones El País. 2009.

Jay Schneider, Steven: Fear without frontiers. Fab Press Ltd. Godalming, Surrey, England 2003.

Jerome, Jim y Corman, Roger: Cómo hice 100 películas en Hollywood y nunca perdí un céntimo. Laertes. 1992.

Jones, Darryl: Horror. A thematic history in fiction and film. London: Arnold. 2003.

López Yepes, Alfonso: Enciclopedia del cine español. Una publicacion interactiva en soporte optico. Facultad CC de la Informacion. Madrid.

Losilla, Carlos: El cine de terror. Una introducción. Paidos Ibérica. Barcelona 1993.

Plaza, Francisco: Asesinos de cine. De Hannibal Lecter

a Scream. Serie B n° 22 Midons. 1998.

Serrano Cueto, Jose Manuel: Horrormanía. Enciclopedia del cine de terror. Alberto Santos Editor. 2007.

Tombs, Pete: Mondo Macabro. El cine más alucinante y extraño del planeta. Circulo Latino. Noviembre 2003.

INTERNET
Wikipedia. La enciclopedia libre: http://es.wikipedia.org/wiki/wikipedia:Portada

http://www.imdb.com

Aloha Criticón. Cine clásico y actual: http://www.alohacriticon.com/elcriticon/

Cineydvd.com: http://www.cineydvd.com/

Sangre Cuajada, vísceras viscosas: los inicios del cine gore. Carlos Díaz Maroto: http://www.pasadizo.com/index.php?option=com_content&view=article&id=990:85&catid=58:cine-tv&Itemid=23

http://www.cinefantastico.com

http://www.dreamers.com

http://www.terroruniversal.com

http://www.abandomoviez.org

http://www.cinefania.com

http://cinefila.wordpress.com/2007/12/07/el-terror-a-traves-de él-celuloide/10/ or Mara Vélez y Guillermo David Garduño

http://www.cinencanto.com

http://www.cinenganos.com

Cine Cubano Sumergido. Artículo de Juan Antonio García Borrero http://cine-cubano-la-pupila-insomne.nireblog.com/post/2007/05/19/cine-cubano-sumergido-4

http://www.lukor.com/cine/noticias/0408/25133352.hm

APÉNDICE FOTOGRÁFICO

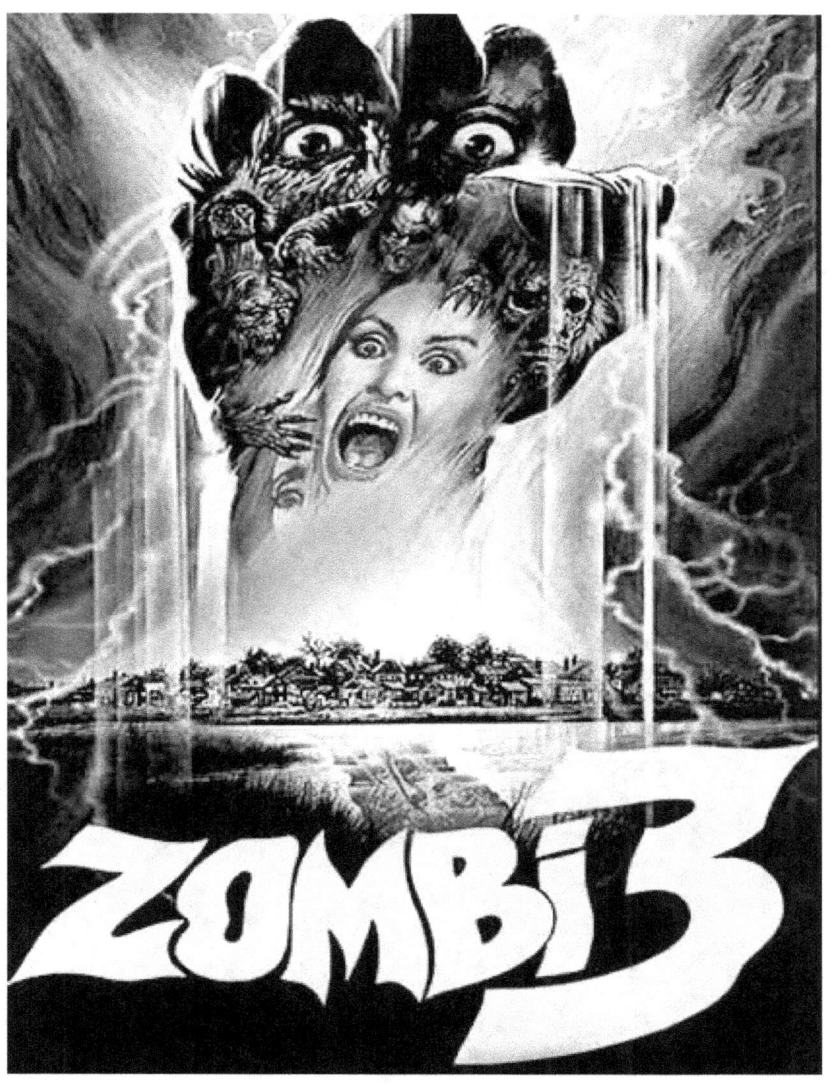

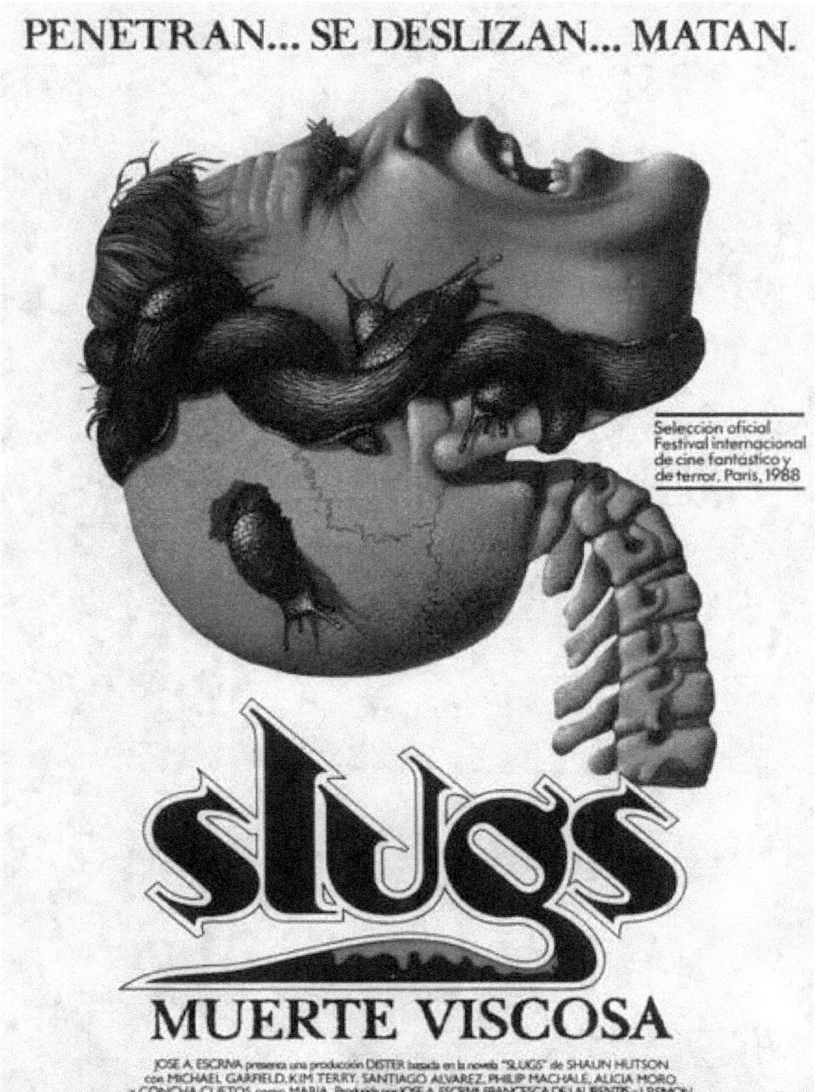

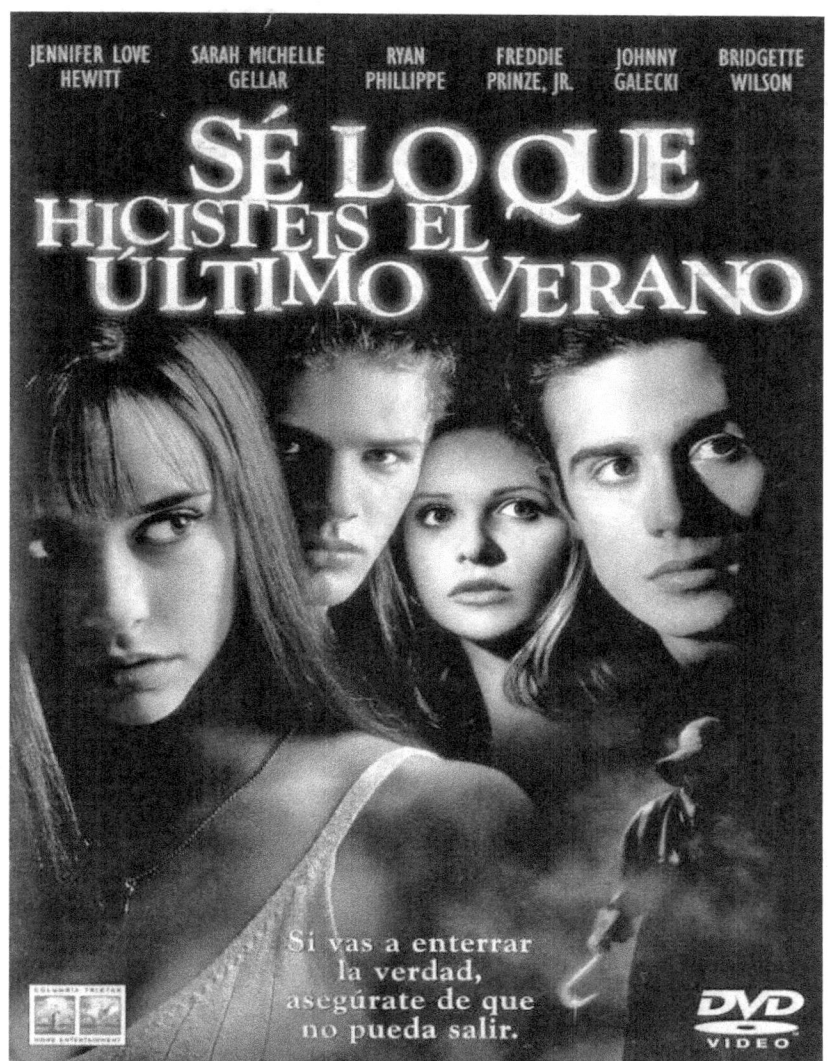

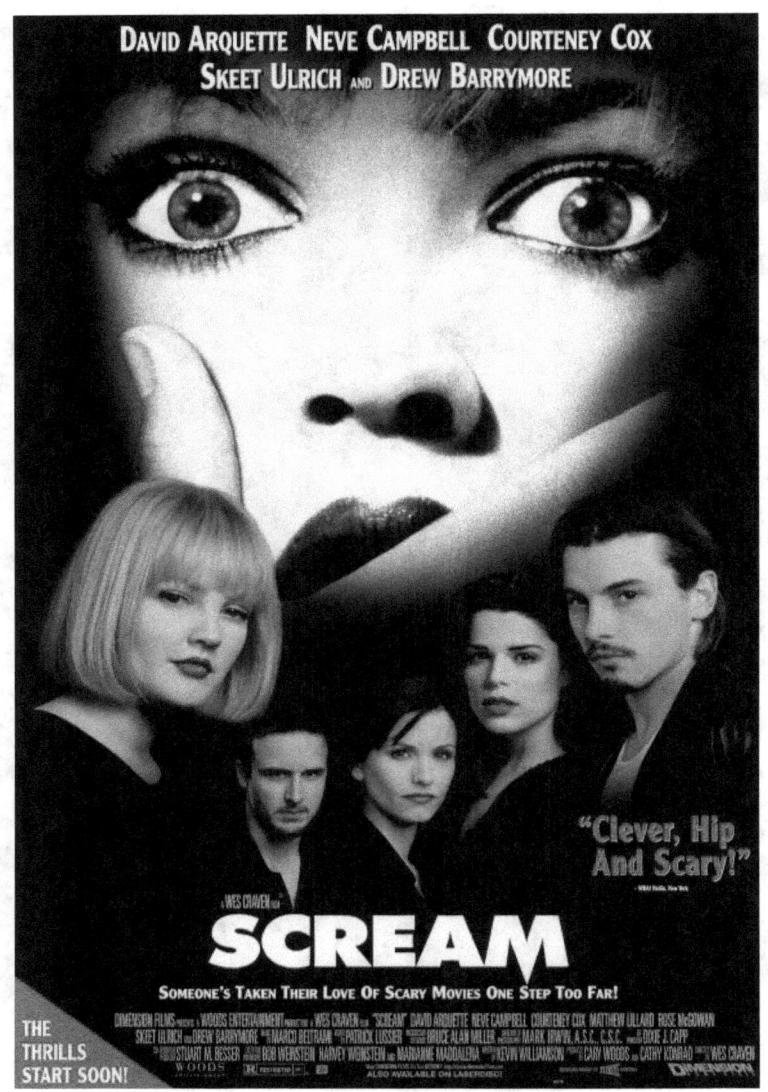

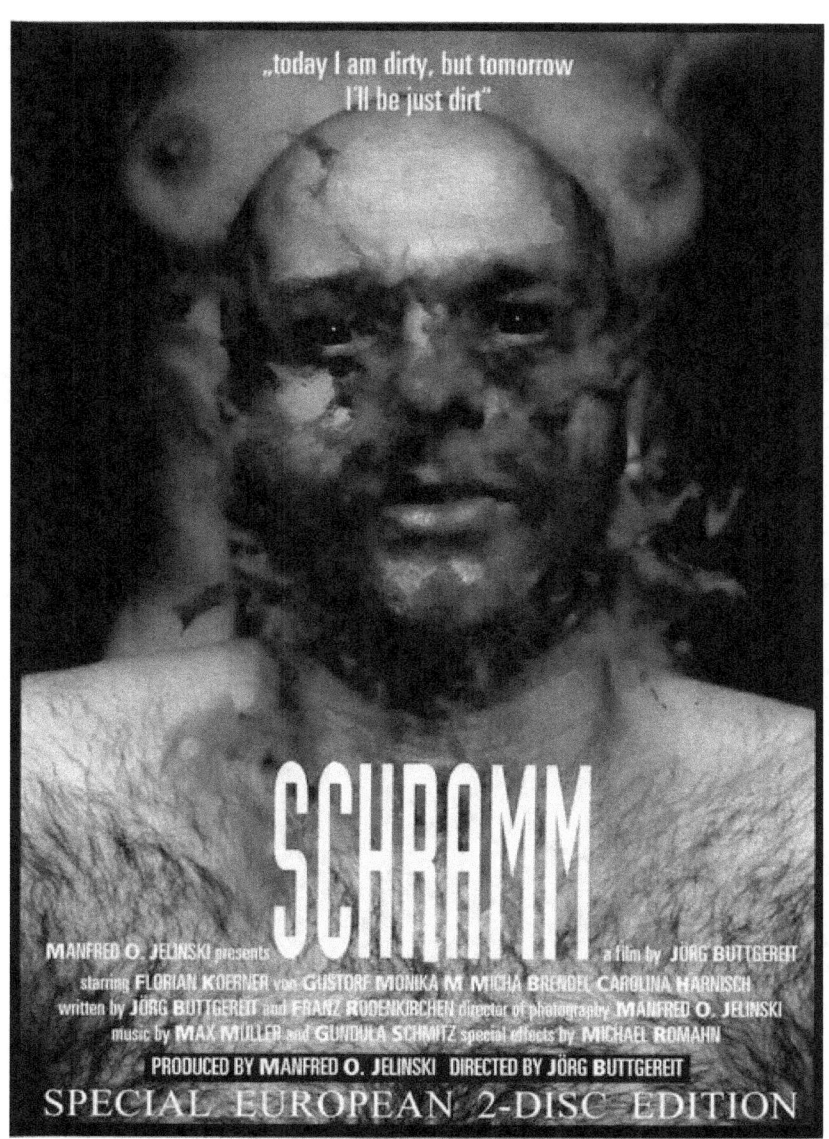

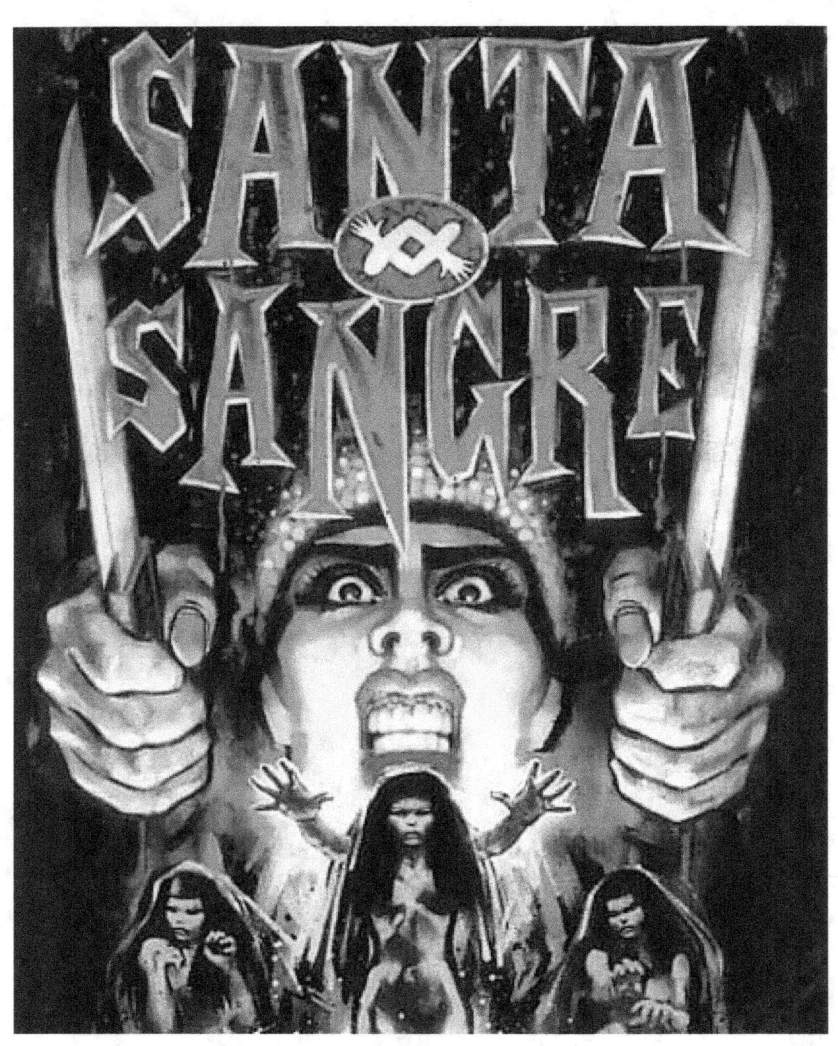

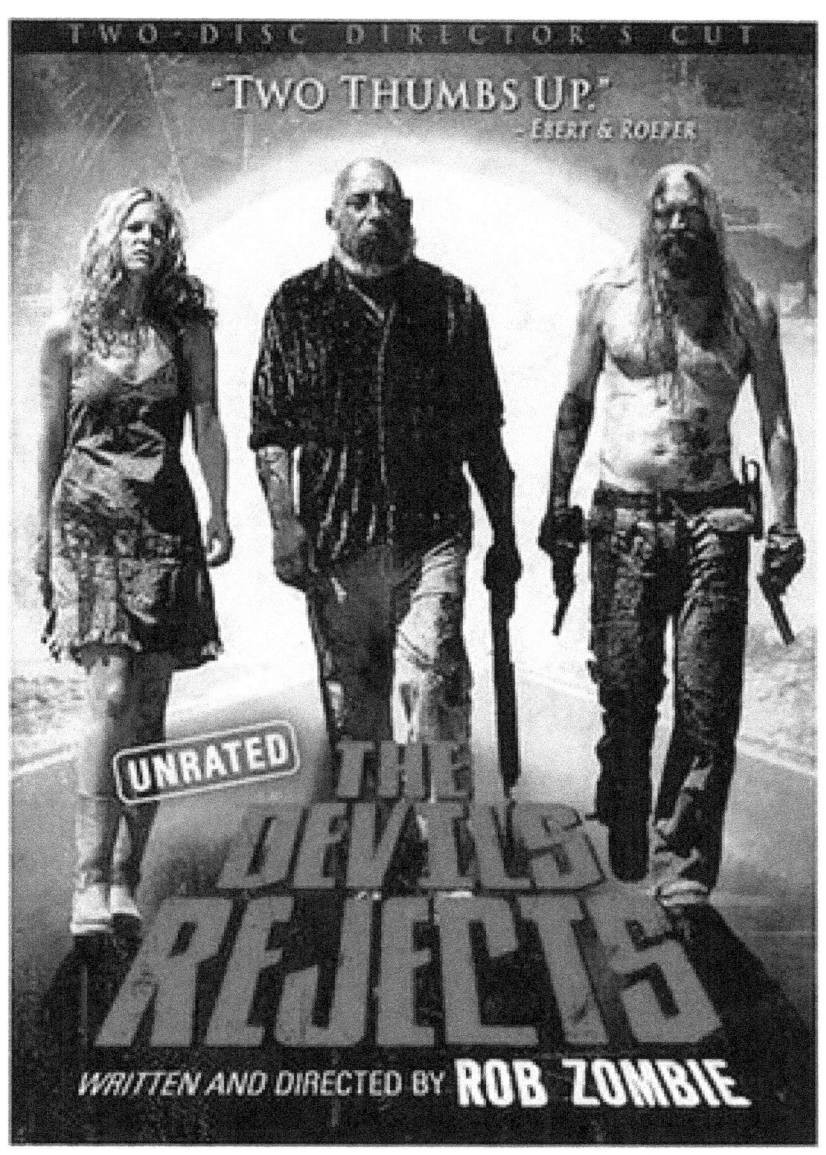

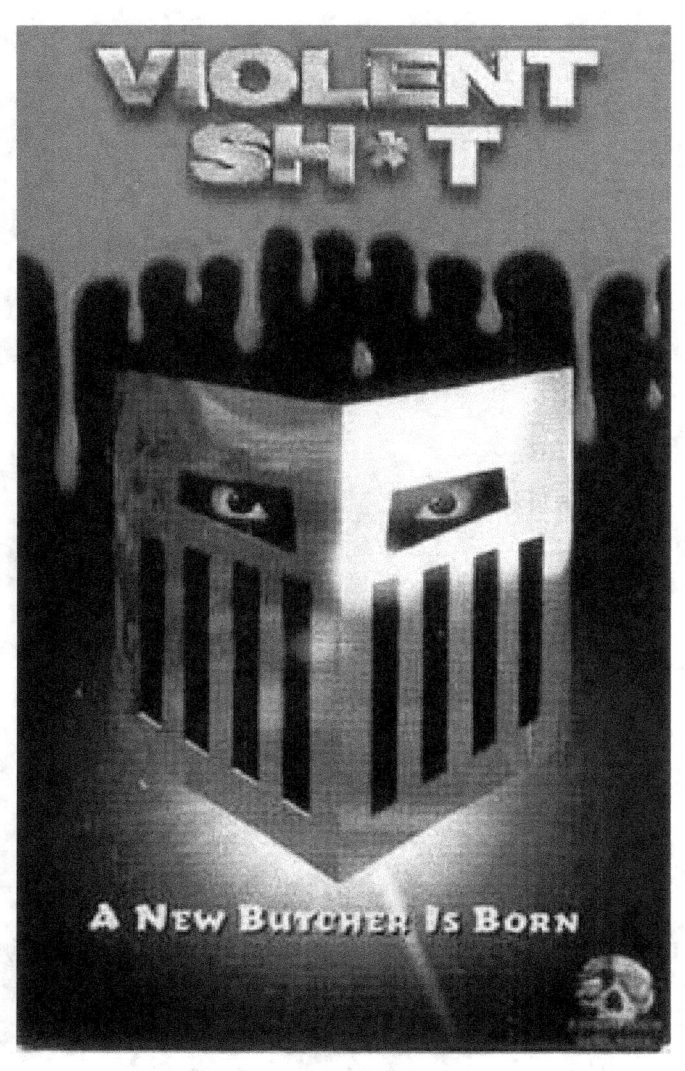

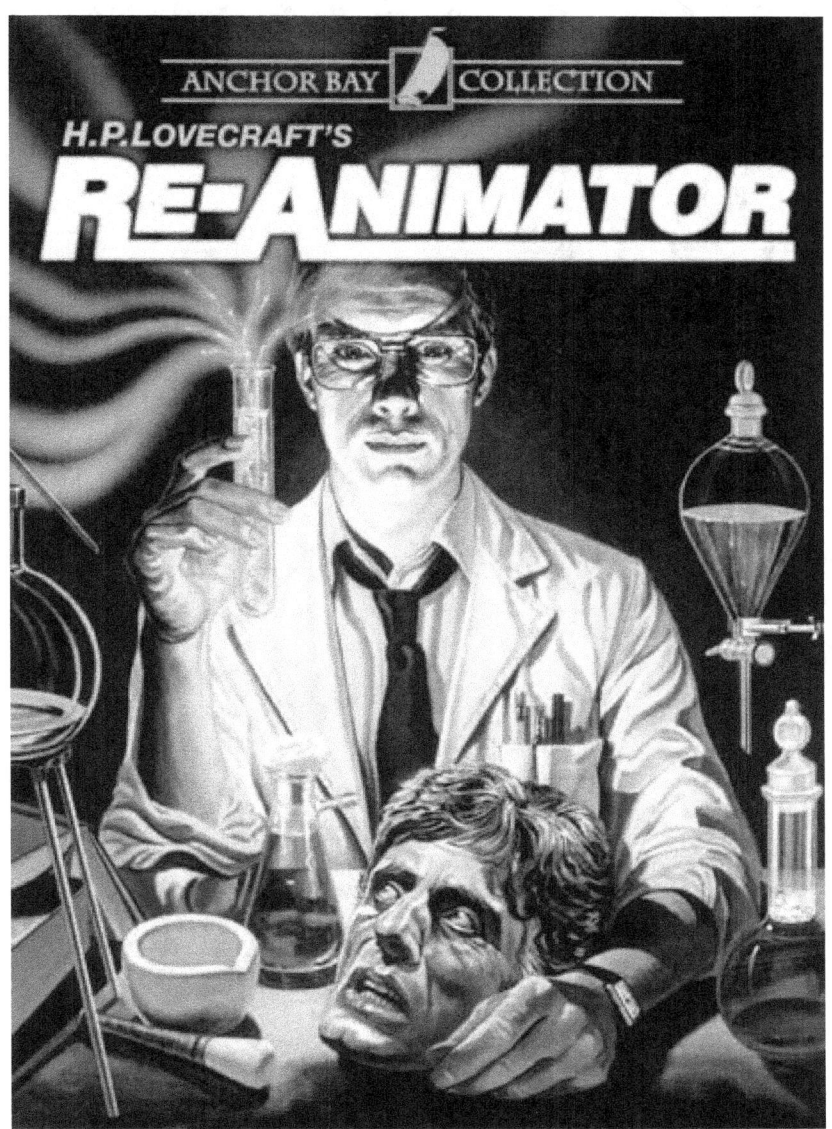

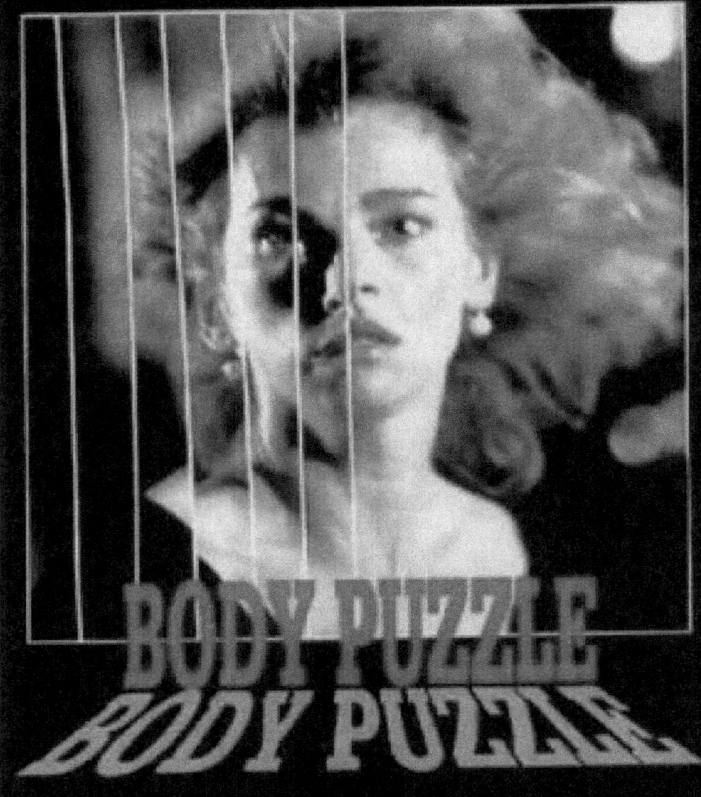

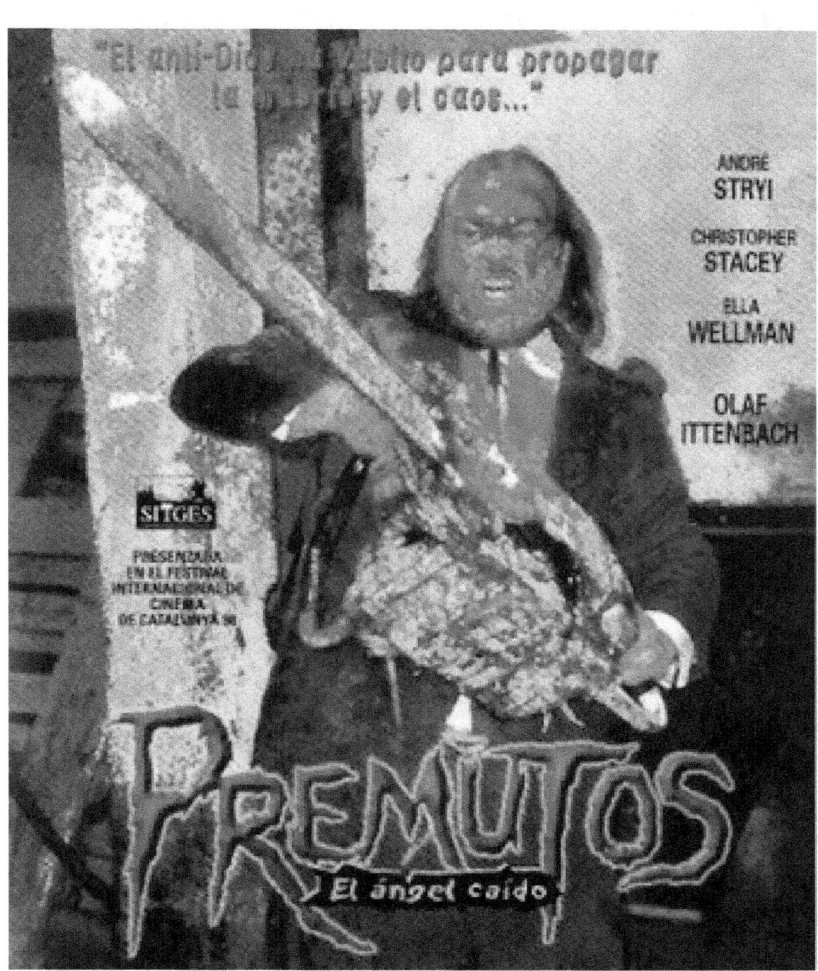

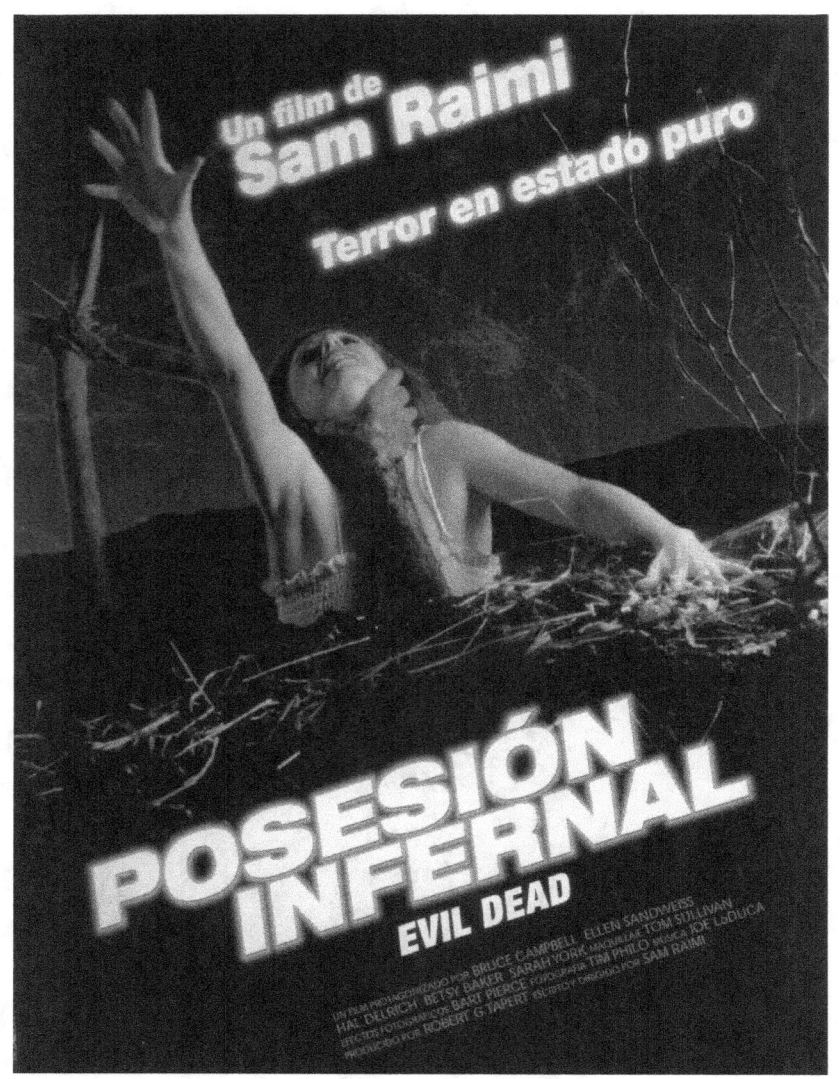

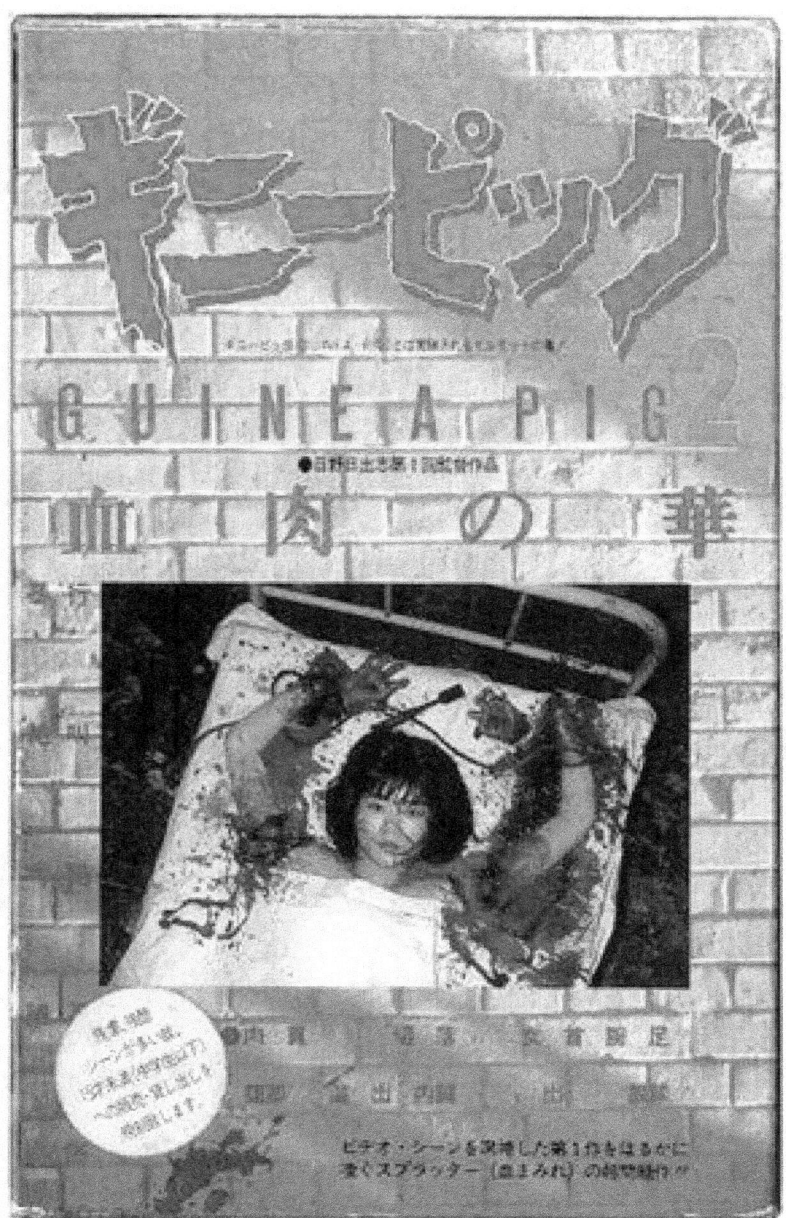

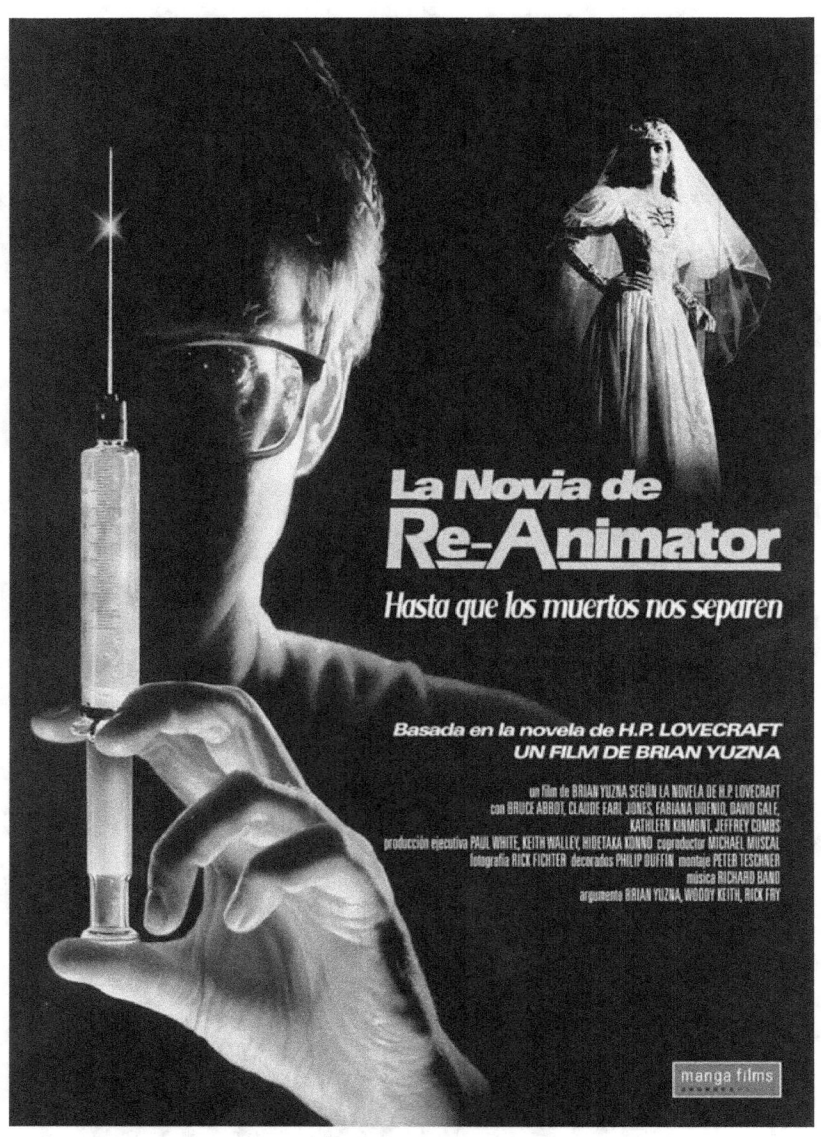

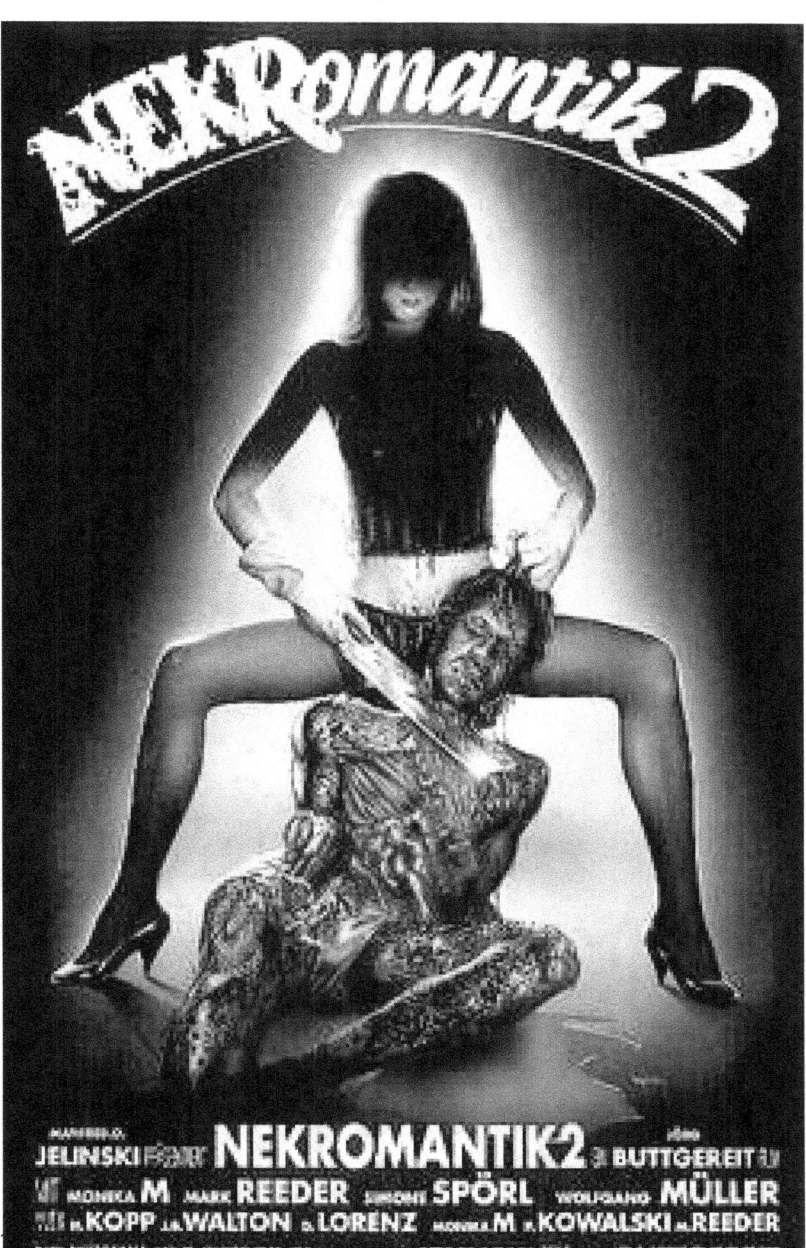

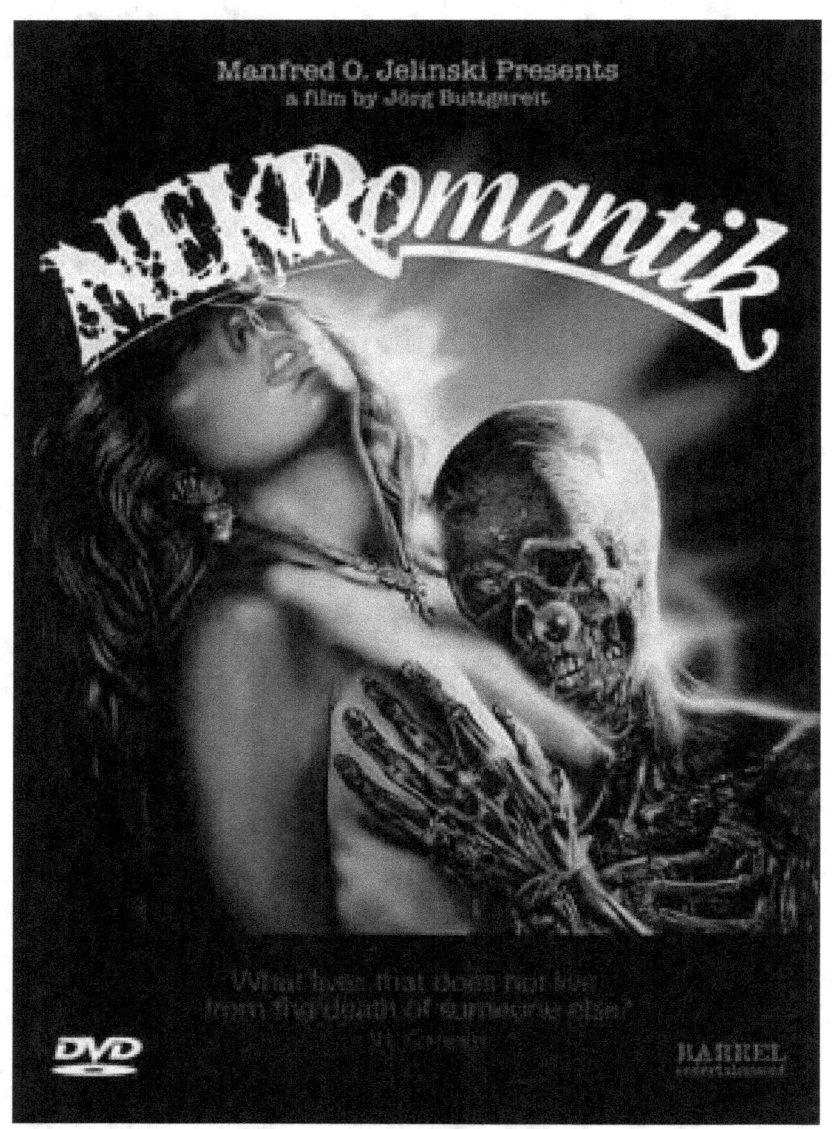

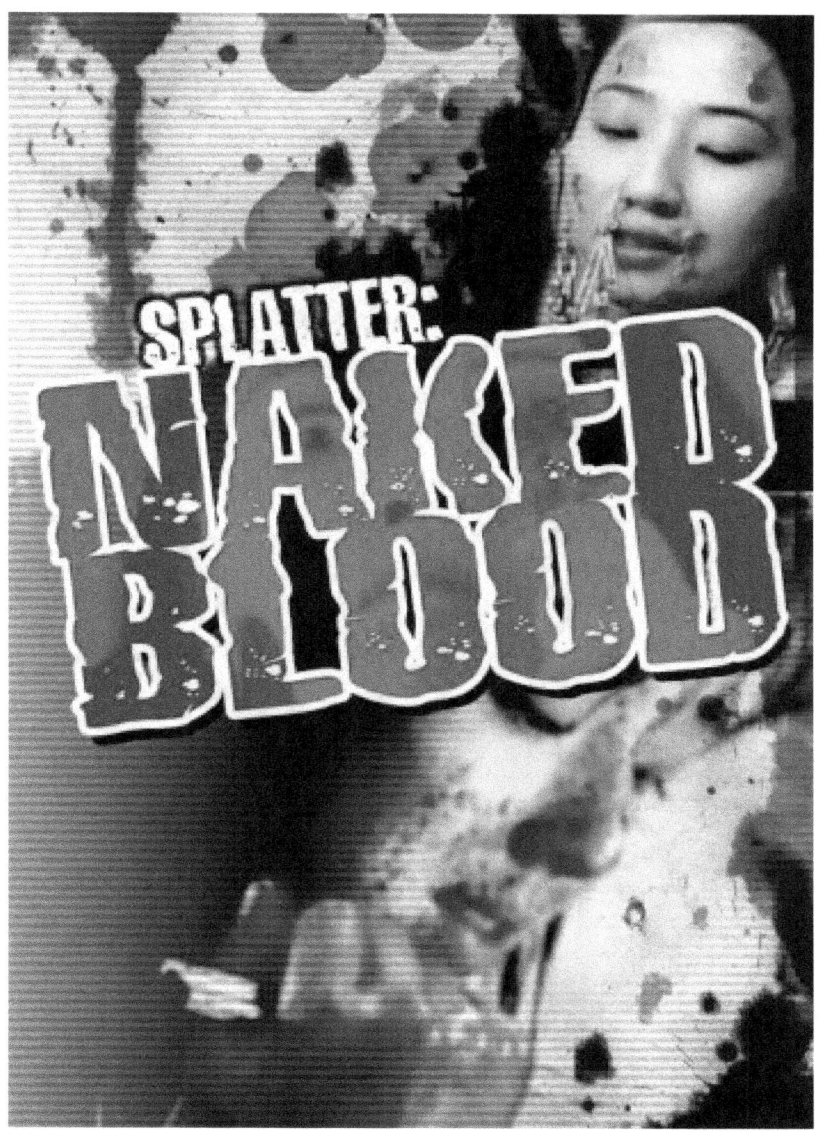

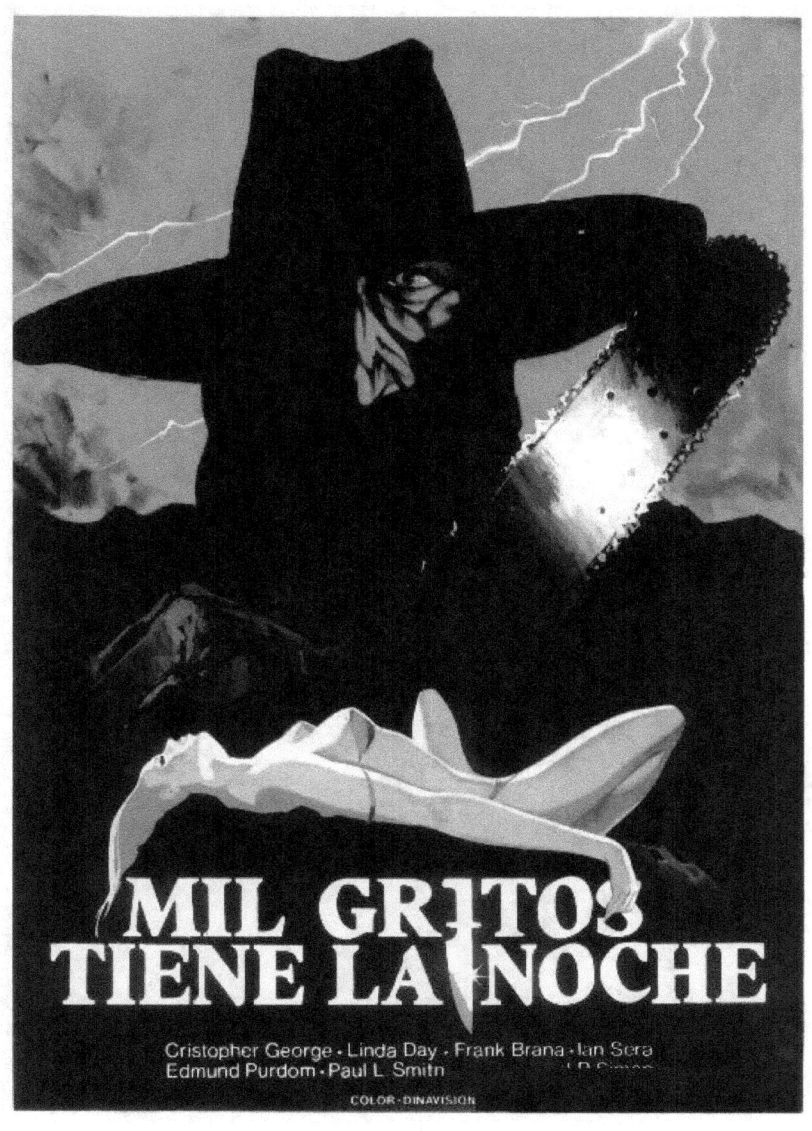

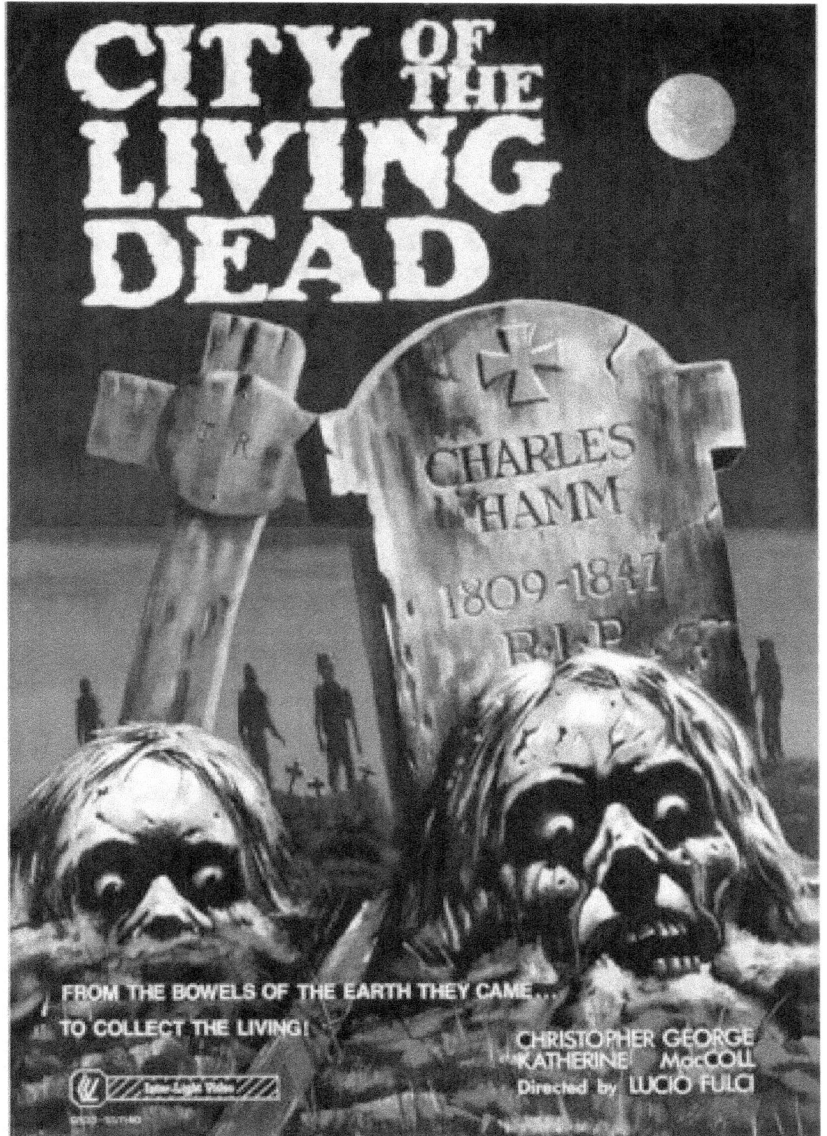

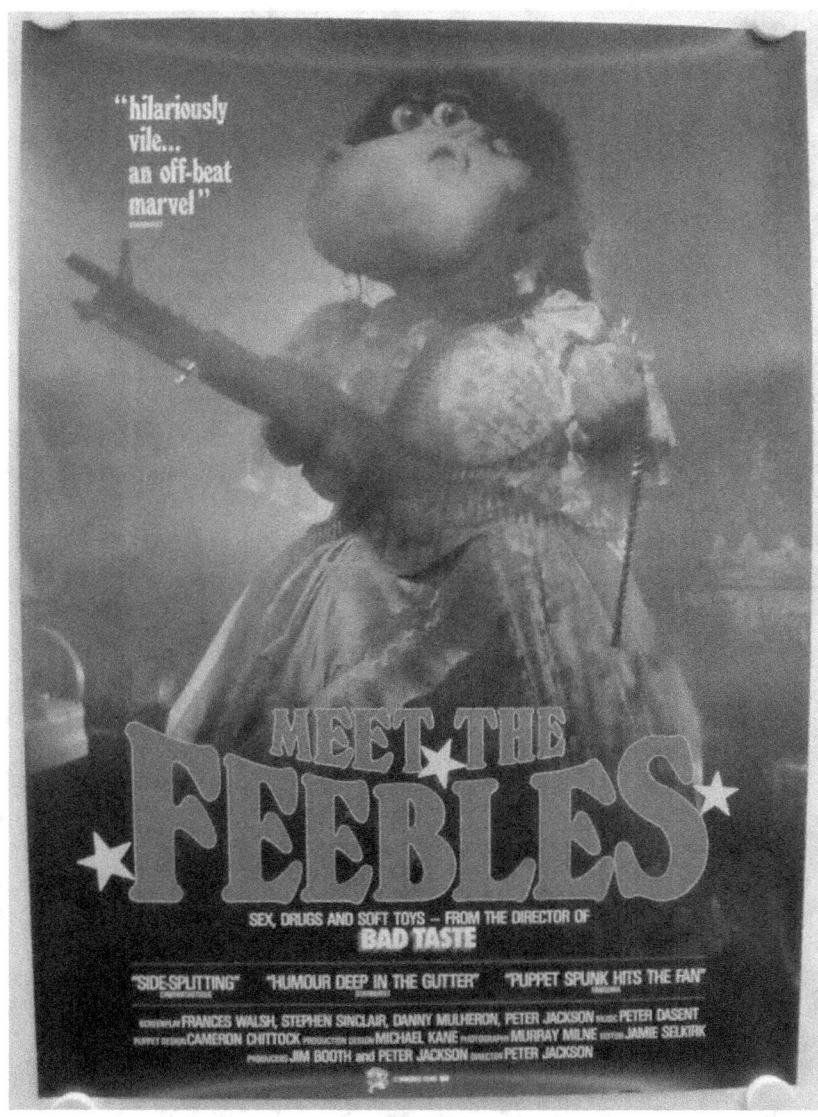

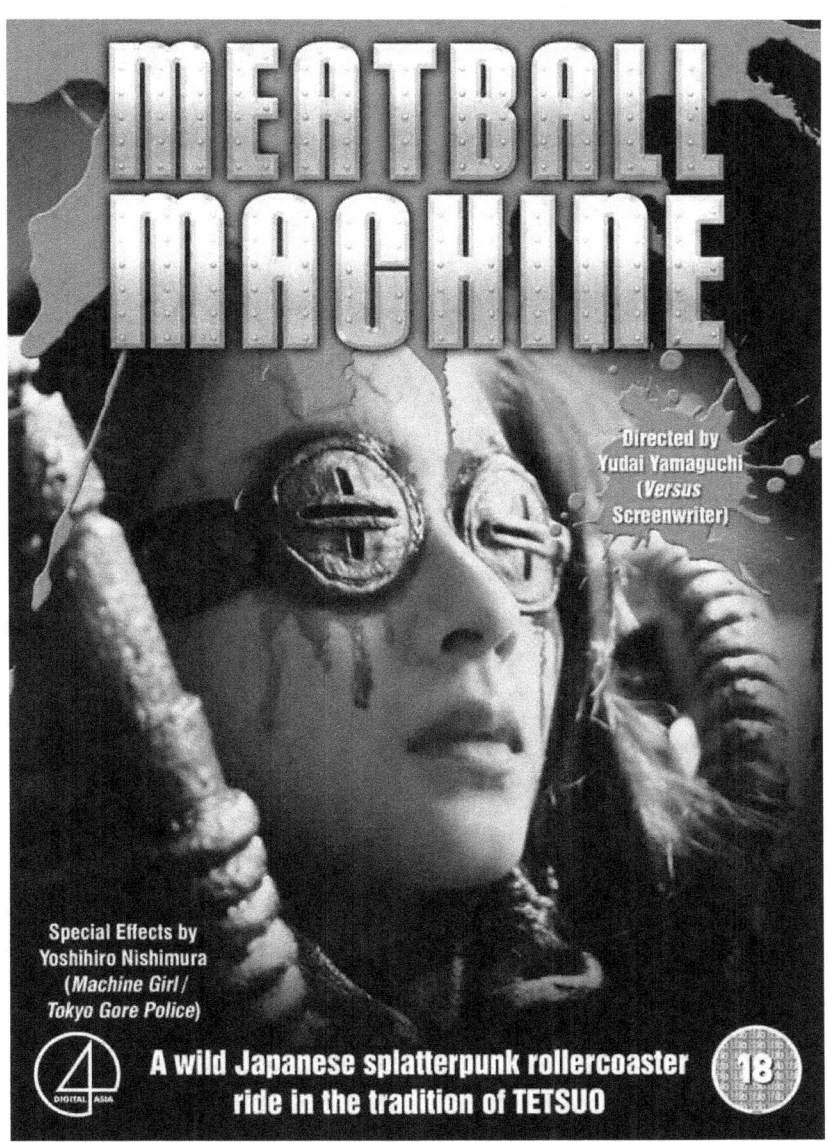

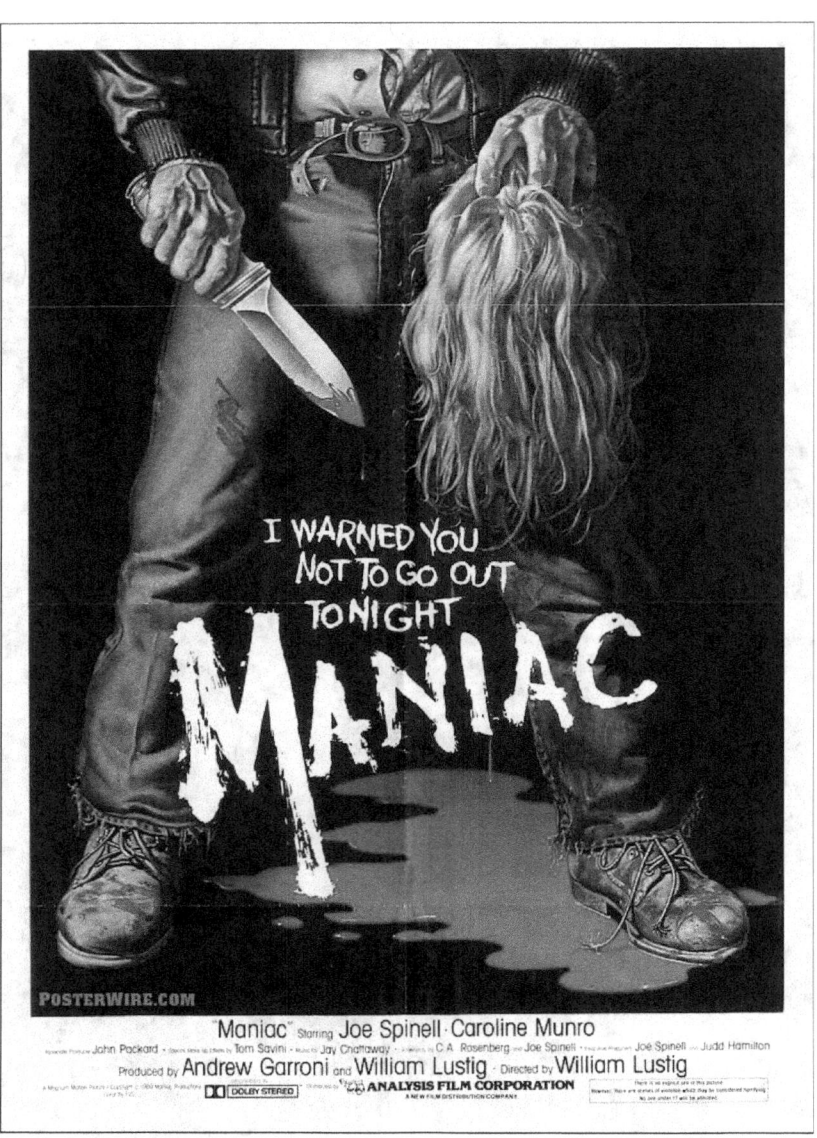

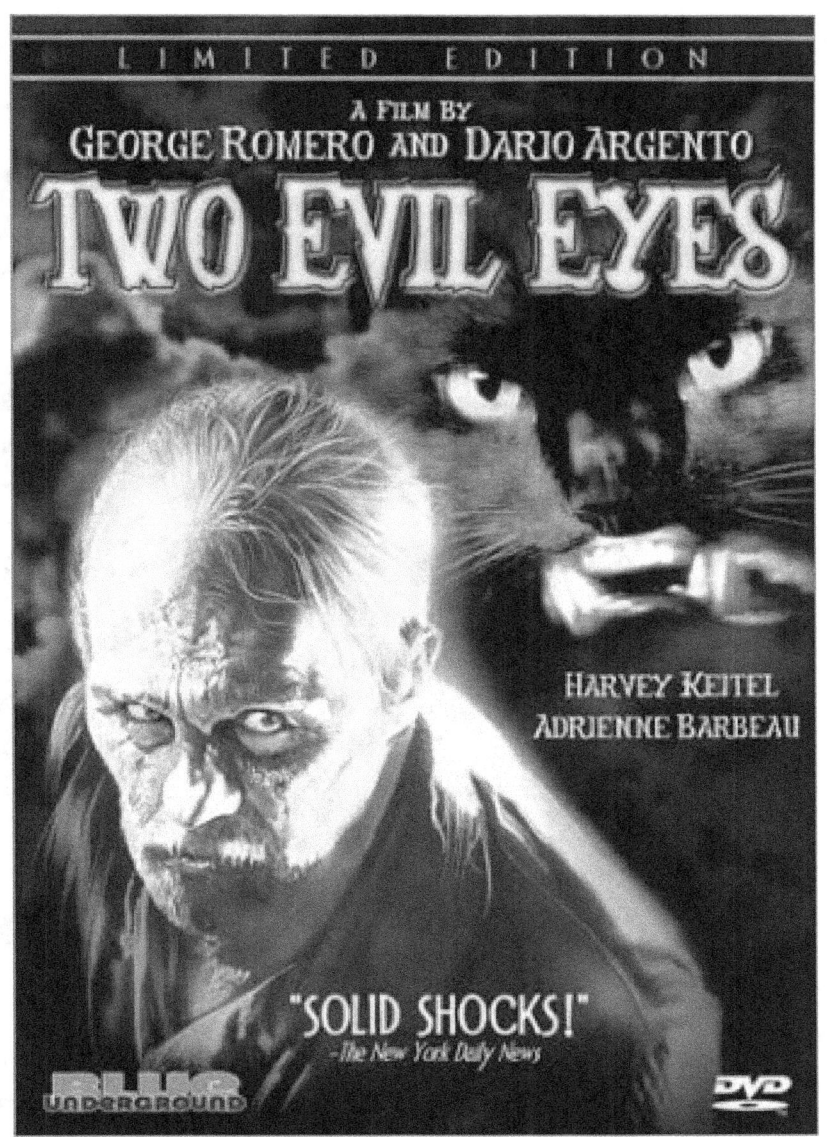

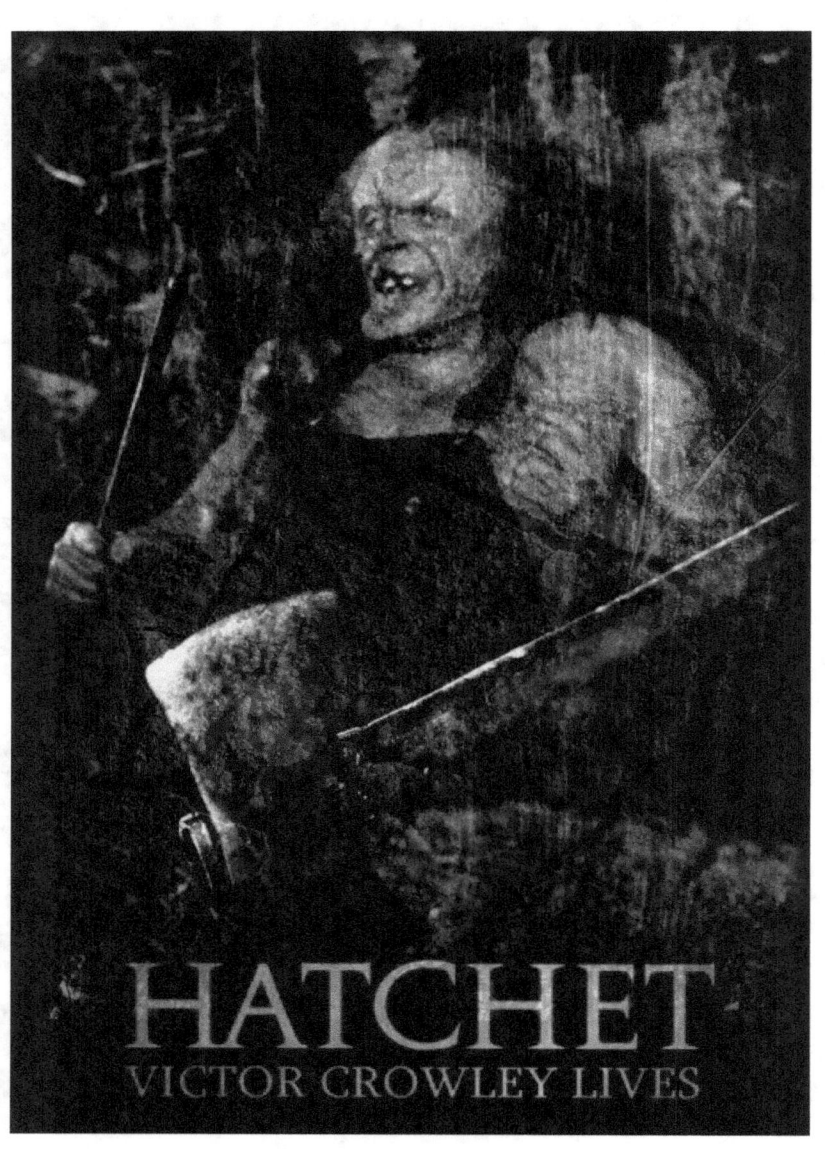

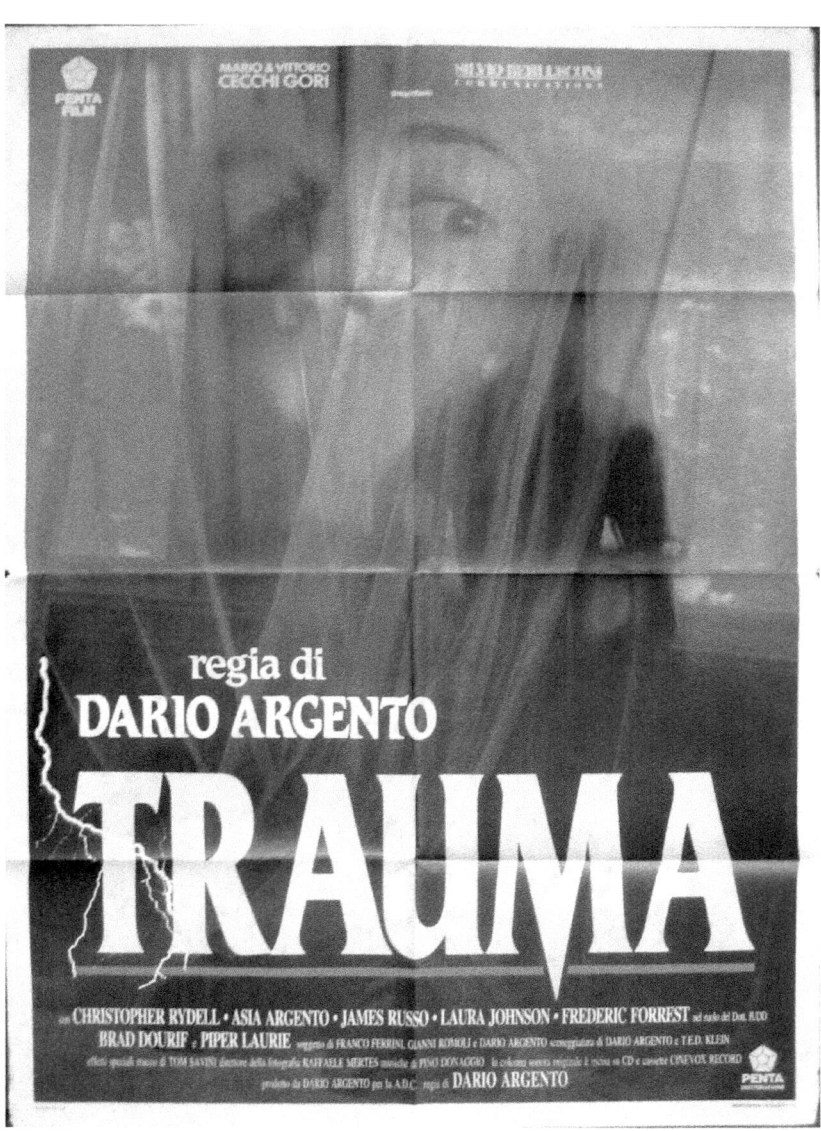

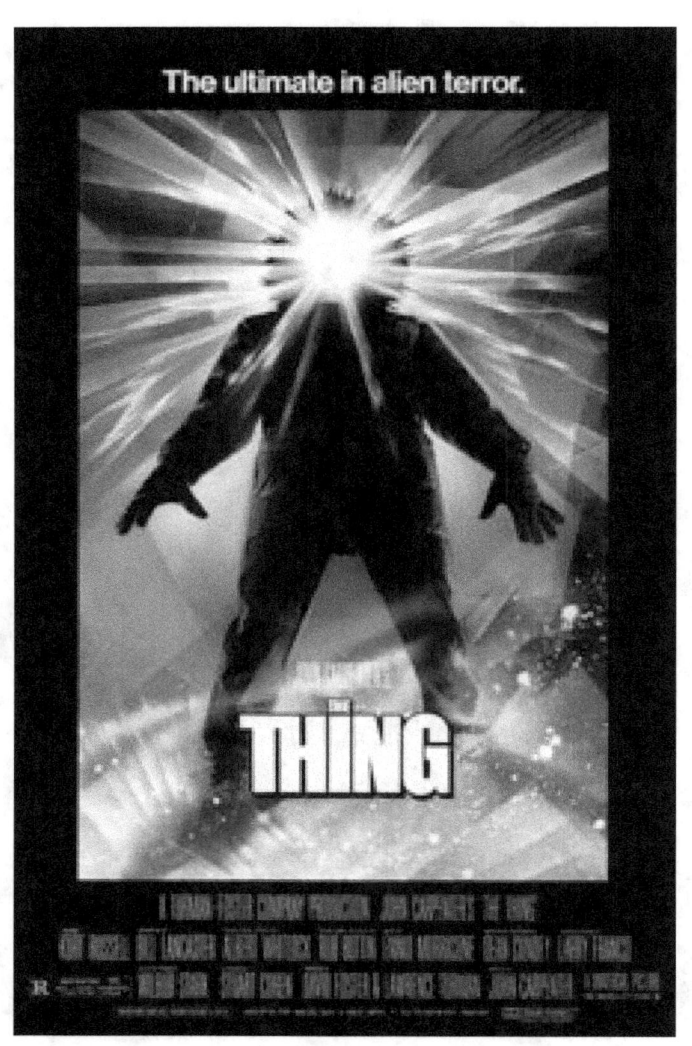

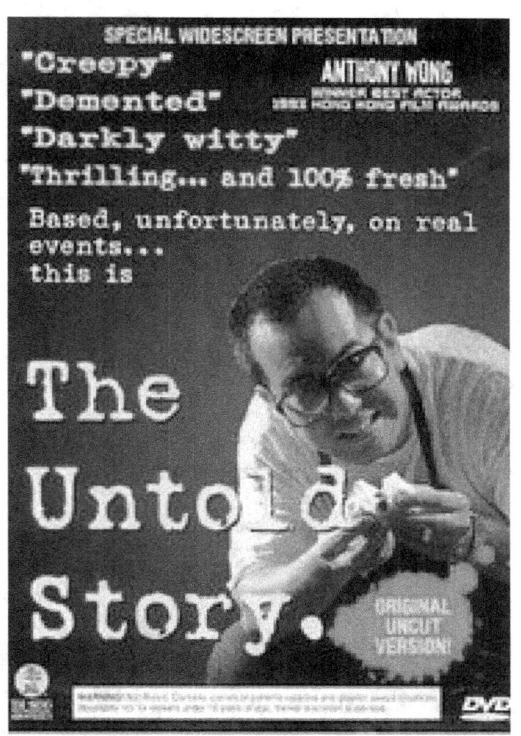

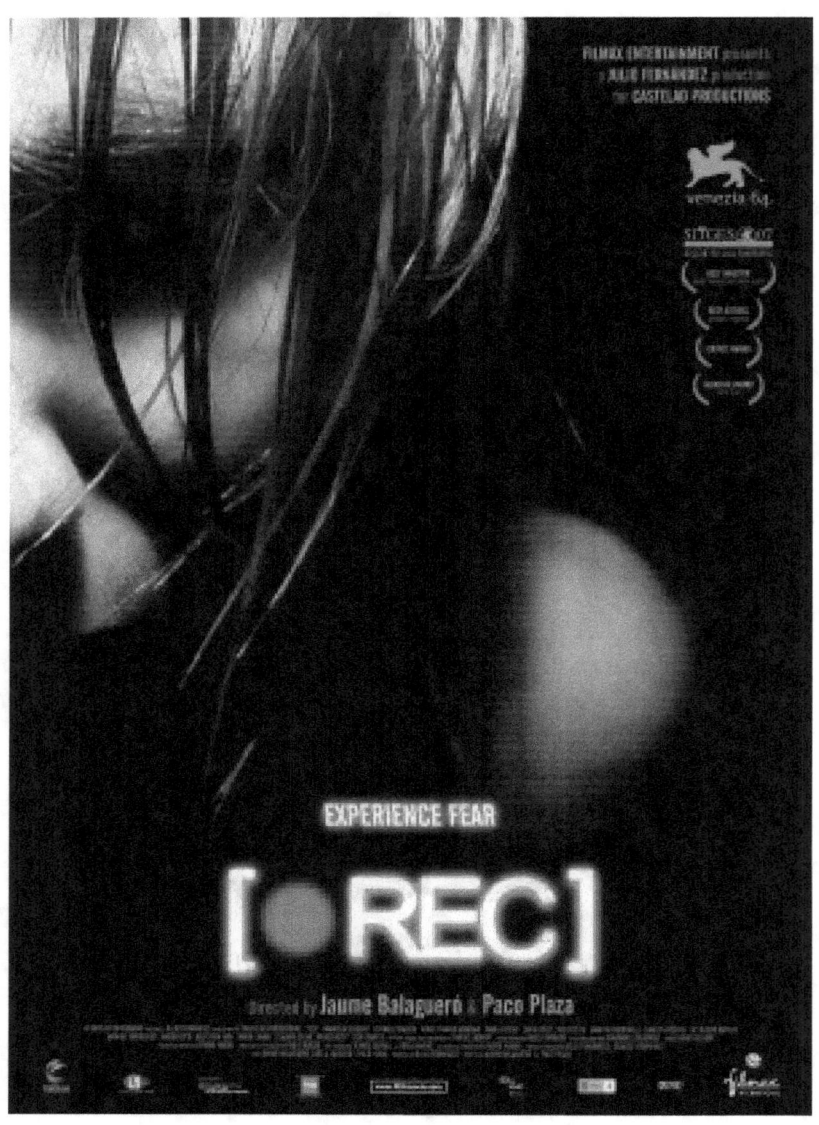

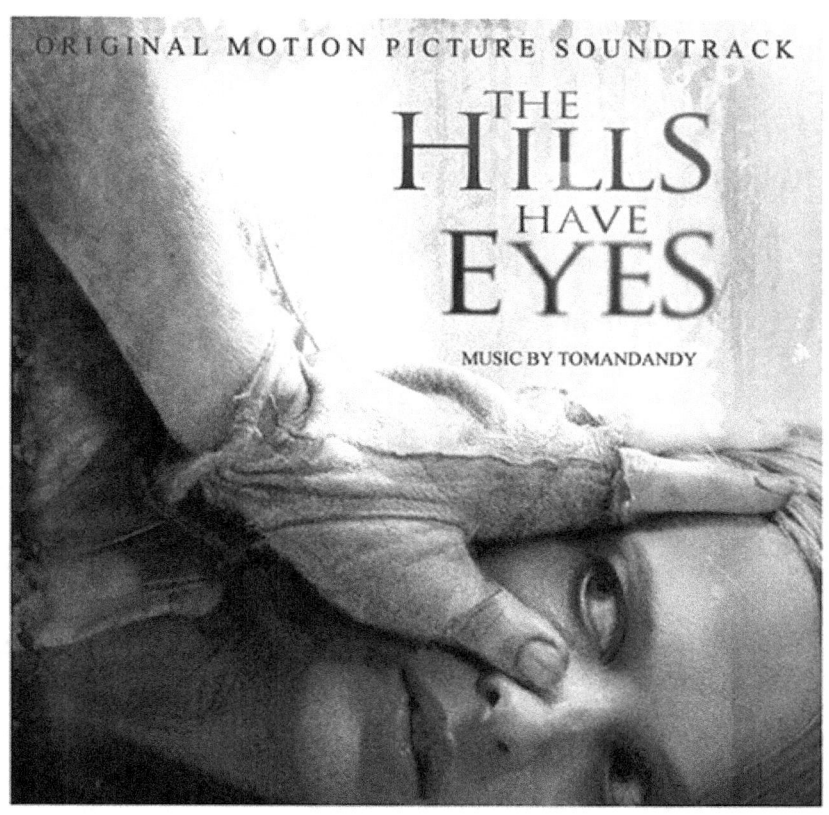

www.ingramcontent.com/pod-product-compliance
Lightning Source LLC
Chambersburg PA
CBHW050010230526
45465CB00003BB/1355